Seinen letzten Sommer verbringt der Vater am Balaton, in Ungarn, der alten Heimat. Noch einmal sitzt er in seinem Paradiesgarten unter der Akazie, noch einmal steigt er zum Schwimmen in den See. Aber die Rückreise erfolgt im Rettungshubschrauber und Krankenwagen, das Ziel eine Klinik in Frankfurt am Main, wo nichts mehr gegen den Krebs unternommen werden kann. Es sind die heißesten Tage des Sommers, und die Tochter setzt sich ans Krankenbett. Mit Dankbarkeit erinnert sie sich an die gemeinsamen Jahre, mit Verzweiflung denkt sie an das Kommende. Sie registriert, was verloren geht und was gerettet werden kann, was zu tun und was zu schaffen ist. Wie verändert sich jetzt das Gefüge der Familie, und wie verändert sie sich selbst? Was geschieht mit uns im Jahr des Abschieds und was im Jahr danach? In ihrem eindrucksvollen Erinnerungsbuch »Sterben im Sommer« erzählt Zsuzsa Bánk davon.

*Zsuzsa Bánk*, geboren 1965, arbeitete als Buchhändlerin und studierte anschließend in Mainz und Washington Publizistik, Politikwissenschaft und Literatur. Heute lebt sie als Autorin mit ihrem Mann und zwei Kindern in Frankfurt am Main. Für ihren ersten Roman »Der Schwimmer« wurde sie mit dem aspekte-Literaturpreis, dem Deutschen Bücherpreis, dem Jürgen-Ponto-Preis, dem Mara-Cassens-Preis sowie dem Adelbert-von-Chamisso-Preis ausgezeichnet. Für »Unter Hunden« aus ihrem Erzählungsband »Heißester Sommer« erhielt sie den Bettina-von-Arnim-Preis. Auch ihre Romane »Die hellen Tage« und »Schlafen werden wir später« wurden große Erfolge.

*Weitere Informationen finden Sie auf www.fischerverlage.de*

ZSUZSA BÁNK

# Sterben im Sommer

FISCHER Taschenbuch

Aus Verantwortung für die Umwelt hat sich der S.Fischer Verlag zu einer nachhaltigen Buchproduktion verpflichtet. Der bewusste Umgang mit unseren Ressourcen, der Schutz unseres Klimas und der Natur gehören zu unseren obersten Unternehmenszielen.

Gemeinsam mit unseren Partnern und Lieferanten setzen wir uns für eine klimaneutrale Buchproduktion ein, die den Erwerb von Klimazertifikaten zur Kompensation des $CO_2$-Ausstoßes einschließt.

Weitere Informationen finden Sie unter: www.klimaneutralerverlag.de

Erschienen bei FISCHER Taschenbuch
Frankfurt am Main, Juni 2022

© 2020 S. Fischer Verlag GmbH,
Hedderichstr. 114, D-60596 Frankfurt am Main

Satz: Fotosatz Amann, Memmingen
Druck und Bindung: GGP Media GmbH, Pößneck
Printed in Germany
ISBN 978-3-596-70037-0

## STERBEN IM SOMMER

Der Sommer wirft sein stärkstes Gelb auf uns, aber wir reden vom Winter. Auf der Fahrt nach Südosten, Würzburg, Regensburg, Passau, Wien, dann Ungarn, Sopron, Sárvár, erzählt meine Mutter vom Winter, es ist schweißtreibend heiß, aber sie erzählt von Eis und Schnee im Januar 1973, als meinen Eltern in ihrer kleinen Frankfurter Wohnung am Telefon ein Telegramm diktiert worden war. Ein Telegramm aus Ungarn, in ungarischer Sprache aufgesetzt, vom deutschen Telegrafenamt vorgelesen, in neutralem Ton, ohne Wertung, ohne Deutung und Wissen, Buchstabe für Buchstabe, weil die Wörter keinen Sinn ergaben, nicht für ein deutsches Ohr. Mein Vater hatte den Hörer abgenommen, Zettel und Stift bereitgelegt und wiederholte jeden Buchstaben, meine Mutter schaute voller Angst zu ihm, weil sie ahnte, vielleicht schon wusste, was jetzt kommen würde, weil es nicht unerwartet war, sondern etwas, auf das ihre Befürchtungen seit Wochen zuliefen. Mein Vater hatte angefangen aufzuschreiben, setzte den Stift aber schnell ab. Die ersten vier Buchstaben des Wortes reichten aus, um es vollständig zu begreifen, sein Ausmaß sofort zu erkennen: m-e-g-h. Mehr war nicht nötig, um zu wissen, wie sich das ganze Wort zusammenfügte, wie es beschaffen war und auf was es hindrängte, was es sagen wollte und uns allen überbringen würde, »meghalt« – ist gestorben.

Meine Mutter erinnert sich, wie sie die lange dunkle Reise in ihr Heimatdorf antrat, das sie sechzehn Jahre zuvor während des Ungarnaufstands Hals über Kopf verlassen hatte. Freunde hatten ihr geraten, mit der Abreise nicht zu zögern, mit dieser Fahrt ins Ungewisse, in all ihre Unwägbarkeiten, also nahm sie den Nachtzug von Frankfurt nach Wien, ging am Morgen für ihr Visum zu Ibusz, dem staatlichen ungarischen Fremdenverkehrsbüro, der Anlaufstelle aller, die im Kalten Krieg von West nach Ost, von Österreich nach Ungarn reisten, also in die Richtung, in die sonst niemand wollte, gegen den Strom. An diesen düsteren, klirrkalten Winter erinnert sich meine Mutter, an seine dunklen Eistage und hellen Schneenächte, während die Sonne auf unser Auto knallt und die Felder ringsum verdorren, an ihre Mischung aus Trauer, Lähmung und nervöser Angst, es nicht zu schaffen, nicht rechtzeitig zur Beerdigung zu kommen, um ihren Vater ein letztes Mal zu sehen, wenn auch tot.

In diesem Dorf sitzen wir dann einen Tag später, vor dem Haus meiner Tante und Cousine, im Garten, mit Blick auf die nahen Weinhänge, umgeben von Oleander und Kirschbäumen, die ihre Früchte schon abgeworfen haben, in einem Paradiesgarten, in dem die Erinnerung an diesen Winter 1973 unvergänglich bleibt. Meine Cousine erzählt, dass sie damals glaubte, jetzt sei das Ende der Welt gekommen, das vége a világnak. Sie hatte die Gardinen am Fenster beiseite geschoben, dicke Schneeflocken fielen, ihren Vater sah sie in Hut und Mantel mit finsterer Miene durchs Schneetreiben gehen, langsamer als sonst, zögernd wegen der Nachricht, die er für sie hatte, und sie wusste, das Weltende war da, jetzt ist es gekommen, Großvater ist gestorben und hat unser Weltende eingeläutet.

Obwohl wir in Ungarn den hell leuchtenden Sommer gesucht haben, finden wir auch diesmal Krankheit und Tod, dieses sich fest umschlingende Paar, es drängt sich auf, und man wird es nicht los, wie eine Klette haftet es, klebt an einem, es will dazugehören und tanzt mit, krallt sich fest, löst sich nicht aus seiner Umarmung. Jeder hat seine Geschichte von Krankheit und Tod, jeder hat seine Verluste, seine schwarzverästelten Bilder, die nicht verblassen. Die Toten sind nie tot, sie gehören in die ersten Sätze einer Begegnung, eines Gesprächs, sie sitzen in den Gärten, an den Tischen, vor den Suppenschüsseln, den Körben mit dem aufgeschnittenen weißen Brot, und befehlen, so, nun redet von mir, lasst nicht nach, hört nicht auf, von mir zu reden. Die Wunde ist verheilt, aber die Narbe meldet sich zurück, hier unter dem Kirschbaum, unter der Akazie, wann immer sie Lust hat und findet, jetzt wäre der Augenblick, jetzt wäre es wieder an der Zeit. Meine Mutter weint nach all diesen Jahren noch um ihren Vater, meine Cousine und ich, wir weinen nach all diesen Jahren noch um unseren Großvater, der Schmerz ist nur in etwas Alltägliches übergegangen, er verteilt sich auf alle, die sich um den Tisch versammeln, jeder nimmt ein Stück davon und schluckt es mit Brot und Suppe herunter.

Ich bin aufgebrochen, um meinen kranken Vater in seinen Ungarnsommer zu fahren. Ihn im Dorf abzusetzen, vielleicht an den Balaton mitzunehmen. Ihn noch einmal diesen Walnussbaumsommer spüren zu lassen, einmal noch im Café am Kisfaludy-Strand ein gekühltes Soproni für ihn zu bestellen und mit ihm aufs weite Blau zu schauen. Aber seit wir angekommen sind, geht es ihm schlechter, jede Nacht bangen wir. Ein Fieber hat ihn überfallen, es will nicht weichen, die Klinik zu Hause sagt mir am Telefon, er muss sofort behandelt werden. Meine Cousine verbietet mir, ihn in ein ungarisches Krankenhaus zu bringen, niemand hilft dort, sagt sie, die Menschen sterben in der Notaufnahme, also fahren wir nach Eisenstadt, auf österreichischer Seite das nächstgelegene Krankenhaus. Nicht weit von hier ist mein Vater vor mehr als sechzig Jahren über die Grenze geflohen.

Wir warten in Eisenstadt bis zum Abend, aber es wird kein Bett frei, er soll in eine andere Klinik nach Niederösterreich, die Ambulanz wird ihn bringen. Zum Abschied sage ich, in ein paar Tagen hole ich dich ab, wir sitzen am Balaton und bestellen zwei Soproni, ich spiele Zuversicht, lege Normalität in meine Stimme und lasse die Angst nicht zu, ich lasse nicht zu, dass sie meine Wörter anfasst, sie bindet, eintrübt und lähmt, seit einiger Zeit habe ich Übung darin, die Dinge herunterzuspielen, ihre Grausamkeiten wegzuschieben und zu übergehen, ihnen die Spitze zu nehmen. Doch das Fieber hält uns in Atem, an allen folgenden Tagen wird es gegen Mittag verschwinden, aber am Abend zurückkehren und steigen, immerzu warte ich auf einen Anruf, auf die Klinik, die Ärztin, die Krankenschwester, auf meine Cousine im Paradiesgarten, meine Mutter in ihrem Sommerhaus zwei Straßen weiter, meinen Bruder in Berlin, sie alle gehören zum Reigen aus Furcht und Anspannung, zu unserem Netzwerk der Sorge. Während meine Kinder in den Balaton springen und sich beim Wasserpolo austoben, den Ball mit ihren Fäusten in den Himmel jagen, stehe ich am Ufer und nehme die Anrufe entgegen, bei jedem Klingeln saust Angst in meine Kehle, in diesem gleißenden Sommer mit all seinen verlässlichen Vergnügungen und Schmeicheleien habe ich angefangen, mit dem Schlimmsten zu rechnen.

Einen großen Sommer wollten wir, vielleicht den letzten. Tage, die sorgenfrei, vielleicht sogar schmerzfrei wären. Tage, an denen der Krebs ruht. Schläft, nicht aufwacht. Einfach durchschläft. Sich nicht rührt. Sich höchstens auf die andere Seite dreht – und dann weiterschläft. Ja, der Sommer ist groß, wie er hier immer groß ist, die Grillen zirpen mit Hingabe, die Temperatur klettert jeden Morgen hoch, und die Wälder rauschen lauter, sobald ein Wind aufkommt. Die Straßen, die schmalen, endlosen Asphaltadern, gehören am Abend allein mir, wenn ich vom Krankenhaus zum Dorf oder weiter vom Dorf an den Balaton fahre. Ich fahre dreitausend Kilometer diesen Sommer. Ich kaufe Vignetten, ich reise von Land zu Land, von Grenze zu Grenze, Slowakei, Österreich, Ungarn, von Stadt zu Stadt, von Dorf zu Dorf, ich wechsle die Sprachen, Ungarisch, Deutsch, Englisch, ich komme durcheinander. Mein Vater wandert von Krankenhaus zu Krankenhaus, durch eine Folge aus Stationen. Am Ufer von Balatonfüred, wo ich gerade im Badeanzug unter einer heißen Sonne stehe, erreicht mich seine Ärztin, mein Vater muss operiert werden, in wenigen Minuten wird er mit dem Helikopter ins nächste Krankenhaus gebracht, eine Stunde nördlich von Wien. Während meine Kinder beim Wasserball kreischen, winken, springen, die Wasseroberfläche ohrfeigen, kopfüber hinabtauchen und Handstand üben, steigt irgendwo hinter Bratislava ein Hubschrauber mit meinem Vater in die Luft. Ich lege meine Hände zusammen und schicke meine Gebete über den blauen See.

Neu ist es nicht, auch nicht überraschend, Krankheit und Tod gehörten in Ungarn immer dazu, seit ich denken kann, seit wir die Sommer hier verbracht haben, waren sie hier zu Hause. Nur dass *wir* jetzt die Hauptfiguren sind, nicht die anderen. In jedem Jahr, auf das wir zurückblicken, musste jemand gehen, in jedem Jahr mussten wir von jemandem Abschied nehmen, jemanden hergeben und loslassen. Krankheit und Tod waren die ungebetenen Gäste, klopften an, setzten sich an unseren Tisch, aßen von unseren Tellern. Die Menschen starben in ihrer Küche, ihrem Bett, bei der Gartenarbeit, der Feldarbeit, beim Kirschenpflücken, beim Schweinefüttern, auf dem Weg zur Kirche, zum Wirtshaus, auf dem Fahrrad, dem Moped, beim Laufen, Spielen und Toben. Eigentlich nie im Krankenhaus. Das Sterben war nicht ausgelagert, es geschah unter Zeugen. Nicht nur die Alten starben, auch die Jungen, die Kinder starben, die Säuglinge. Die ärztliche Versorgung war mangelhaft, Medikamente gab es zu wenige. Meine Cousine erzählt an einem dieser lauen Abende, dass nur sie und ihre Brüder gegen Polio geimpft wurden, nur sie und die Kinder des Dorfarztes. Den Impfstoff hatte meine Mutter von ihrem ersten in Deutschland verdienten Geld gekauft und mit der Post geschickt.

Immer haben mich meine Eltern so selbstverständlich, mühelos auf ihre leichte Art umgeben – dass es in den vergangenen Jahren jeden Tag hätte vorbei sein können, habe ich nie zu ernst genommen, aber doch geahnt und mit ein paar abseits liegenden, versteckten Nervenenden erspürt. Deshalb bin ich im Jahr zuvor nach Ungarn gereist, um sie in ihrem Sommerhaus zu besuchen, deshalb ist mein Bruder im Jahr zuvor nach Ungarn gereist, um sie in ihrem Sommerhaus zu besuchen, mit unserem Vater an den Balaton zu fahren und weit hinauszuschwimmen. Für so eine jó úszás, wie man an den Ufern sagt, so ein gutes Schwimmen, ein gutes Stück Schwimmen, ein ordentliches Stück Wasser,

Kraulen und Tauchen, Sich-auf-den-Rücken-drehen, den Himmel abtasten und dann Weiterkraulen, eine gute, lange Schwimmerei durch See und Himmel, Wasser und Luft. Man kann es nicht vollständig übersetzen, im Ungarischen klingt etwas mit, das keine Übersetzung fassen kann, »gut« für »jó« ist zu wenig, zu klein, zu mager. Diese jó úszás ist das Kernstück des ungarischen Sommers, die Mitte des Sommers, der Punkt, auf den alles zulaufen soll. Man springt in den See und schwimmt weit hinter die letzte Abgrenzung, hinter die Boote der Rettungsschwimmer. Es ist mehr als schwimmen, es ist eine Art, sich von den Dingen zu entfernen, nicht bloß vom Strand und seinem Treiben, sondern von allen Dingen, die sonst das Leben ausmachen und zusammenhalten, von der Welt, in der dieses Leben stattfindet und diese Dinge sich sammeln. Weit draußen im See, wo das Blau des Wassers nach dem Blau des Himmels greift und in Wettstreit mit ihm tritt, scheint diese Welt unerheblich, vergessen. Schon am Morgen stellt man sich deshalb die Frage, sobald man den ersten Blick auf den See wirft, um zu sehen, ob er grün, blau oder türkis ist, still oder vom Wind zerwühlt: Gibt mir der See heute so eine jó úszás?

Als ich an einem dieser Nachmittage in Balatonfüred weit hinausgeschwommen und dann aus dem Wasser gestiegen bin, hat mich jemand am Ufer, an den Treppenstufen, die in den See führen, angesprochen und anerkennend gesagt: Na, das war aber eine jó úszás! Ich habe gelacht und erwidert, ja, unbedingt, das war es, eine jó úszás! Es meint das Gefühl, es spricht das Große, Freie und Schwerelose darin an, die Stunden der Leichtigkeit im sonnenwarmen Wasser, es meint das ausgiebige Im-Wasser-Sein, das nicht enden will, für das es keine Zeit gibt. Das hatte unser Vater uns früh beigebracht: nebeneinander, miteinander im Wasser zu sein, vielleicht war es das Erste, was er meinem Bruder und mir beibrachte, nahebrachte und das uns ohne Worte, ohne Erklärungen immer auf natürliche Weise verbunden hat. Das hatte er in allen Sommern hier mit uns geübt und geteilt: die Liebe zum Wasser, das gute Schwimmen, diese großartige, phantastische Schwimmerei – diese jó úszás.

Spielt er jetzt ein verrücktes Spiel mit uns? Hat er sich vorgenommen, uns hier festzuhalten? Ein Netz aufgespannt, in dem wir uns immer wieder verfangen? Jagt er mich kreuz und quer durch dieses Land, das früher einmal seine Heimat war? Vor kurzem haben wir über sein Sterben gesprochen, er will in Ungarn begraben sein, aber wir wollen ihn in unserer Nähe wissen. Also steckt er vielleicht deshalb fest in der Mitte, auf halbem Weg, zwischen unseren beiden Welten, als habe er sich das so ausgedacht, als könne er das so beeinflussen. Er traut mir nicht, was sein Grab betrifft, meine Cousine hat er deshalb beschworen, ihr aufgetragen, dafür zu kämpfen – was im Ungarischen stärker klingt als im Deutschen, das ungarische harcolni klingt nicht nur nach kämpfen, sondern nach einer blutvergießenden Schlacht, die einem alles nehmen kann. In ihrem Paradiesgarten sage ich zu ihr, lass uns nicht kämpfen, bitte, nicht deshalb, auch ich brauche einen Ort, an dem ich meinen Vater besuchen kann, wenn er nicht mehr lebt.

Nach der Operation in Mistelbach liegt er unter Schläuchen und Hightech-Apparaten, ich stehe am Krankenbett und halte seine bebenden Hände, spreche zu ihm, auch wenn ich nicht weiß, ob er mich hören kann, überhaupt merkt, dass wir hier sind. Ich schaue zum Holzkreuz an der

Wand, in meinem Kopf beginnt es zu raunen, dann nimm ihn jetzt mit und überspring den Rest, erspar ihm die Qual, bitte, ich kann es aushalten, wir werden es aushalten können. Aber der Tod wartet. Sterben passt offenbar nicht zu diesem Blau, das sich auf meiner Fahrt zurück zwischen Pannonhalma und Zirc unter die wenigen Wolken pinselt. Ich höre Stevie Nicks, eine Amerikanerin treibt mir in Ungarn die Tränen in die Augen, eine Amerikanerin lässt mich unter ungarischem Himmel in meinem deutschen Auto weinen, weil sie fragt, can I handle the seasons of my life?, und ich ihr antworten muss, no, I can't, I just can't handle them. Ich kann mit den Jahreszeiten meines Lebens nicht umgehen, besser: Mit dieser Jahreszeit meines Lebens kann ich nicht umgehen. Ich wiederhole für mich: Zum Sommer passt das Sterben nicht. Sterben gehört zum Winter.

Auch in den Winter 1973, als meine Mutter sich auf die Reise zum Begräbnis ihres Vaters machte. Keiner im Dorf wusste davon, keiner wusste, dass sich der eiserne Vorhang rechtzeitig für sie öffnen und sie durchschlüpfen lassen würde. Es gab kein Telefon, also auch keine Ankündigung. Sie fuhr ins Dunkle, wartete ungeduldig an eisigen Bahnsteigen, starrte auf die langsam vorrückenden Zeiger der Bahnhofsuhren. In Wien nahm sie den Zug nach Győr, in Győr den nächsten Zug, der sie in die Nähe ihres Dorfes brachte. Spät abends kam sie an. Alle Wege waren zugefroren, wie unter dickem Glas verschwunden. Den Schnee hatte man zu hohen Wänden beiseite geschoben. Kein Bus fuhr. Das nächste Haus war das ihres Bruders, sie wollte die Nacht dort verbringen, auf den Morgen warten. Aber das Tor war zugesperrt, niemand hörte ihr Klopfen. Die Kälte setzte ihr zu, der Koffer zog an ihrem Arm, sie ging vorsichtig tastend Schritt für Schritt übers Eis, langsam durch die kleine schlafende Stadt, dann die Landstraße hinab zu ihrem Dorf, unter einem großen Mond, der hell über ihr stand. Als sie in die Straße einbog, sah sie, auf dem Hof brannte noch Licht. Meine Mutter ließ den Koffer fallen, lief die letzten Schritte laut rufend. Meine Großmutter öffnete die Tür, mein Goldmädchen, arany lányom, sagte sie, ich wusste, du würdest dich von deinem Vater verabschieden, ich wusste, du würdest kommen.

• • •

Wir stehen still vor dem Paradiesgarten, meine Cousine und ich, wie zwei, die irgendwie hierhergehören und doch wieder nicht. Es hat ein wenig geregnet, von den Blättern tropft es, der Garten flüstert uns zu. Vogelheimat, Falterzuflucht, Blumenherberge – zwischen den Zweigen ein winziges Rauschen, kaum hörbar, das Grün atmet auf, die Akazie wirft ihren frischen Schatten über den Hof. Der Weinberg mit seinen abgesteckten, fein säuberlich vermessenen Rebenreihen hat sich ausgestreckt, ist nach dem Schauer an uns herangerückt, hat sich in die Länge gezogen und kurz vor dem Gartentor haltgemacht. Wir stehen Schulter an Schulter vor der Haustür mit der blätternden weißen Farbe, und ein Gefühl überfällt mich, wir werden das nicht mehr häufig tun, es wird uns nicht mehr lange begleiten, dieses Stehen im Paradiesgarten und zu den Weinhängen schauen, dieses Lustkriegen, die festen Schuhe anzuziehen und loszulaufen, über die kleinen Pfützen am Wegrand, die schnell in der sonnenwarmen Erde versickern. Unter uns führen zwei Stufen aus Stein zu Garten und Hof, in dem früher Schweine, Hühner und Gänse lebten. Gemüse wurde unter diesen Bäumen angepflanzt, im Herbst geerntet und eingemacht, Paprika, Gurken, Tomaten füllten die Speis, ein Wandgemälde, ein Stillleben in Essig und Zucker, eine Sammlung aus in Gläsern gefangenem, schwebendem Essen, die Familie lebte im Winter davon. Jetzt gibt es nur noch Rasen unter den Obstbäumen, meine Tante bestellt schon lange keinen Garten mehr, sät nichts mehr aus, beugt sich nicht mehr über Beete, um Unkraut zu zupfen und Erde aufzulockern. Keiner mästet und schlachtet hier noch Schweine oder tötet Hühner für die Suppe, schnappt sie, dreht ihnen den Hals um und rupft sie. Gurken und Tomaten kauft man jetzt einfach bei Tesco oder Spar, und im Garten wächst dafür nichts als junges, hellgrünes europäisches Gras.

Im Winter ist das Haus ohne Menschen, still und leer atmet es, schläft seinen Winterschlaf unter den Stimmen und Geräuschen, die es in seine Wände aufgenommen, unter seinem Putz gespeichert hat. Nur im Sommer sind meine Cousine und Tante hier, im Sommer öffnen sie die Fenster, stoßen die Läden auf, lassen die Gardinen flattern, nehmen die Wäsche aus dem Schrank und beziehen die Betten, füllen den Kühlschrank, stellen Stühle unter die Akazie, Gläser für Wasser und Wein auf den Tisch. Nur im Sommer beleben sie ihr altes Haus, nur im Sommer lässt meine Cousine mit ihrer dementen Mutter Budapest hinter sich, damit wir uns im Dorf treffen, damit sie den Sommer mit meinen Eltern verbringen können, zu denen auch ich für wenige Tage stoße. Cousine und Tante leben seit Jahren in Budapest, das Dorf hatte meine Cousine als junge Frau verlassen, seinen Umkreis durchbrochen, das war ihr erster Schritt als Erwachsene. Sie hatte die Straßen und Wege abgemessen und gesehen, sie sind zu eng, zu klein. Für mich ist das Haus ein Kabinett der Erinnerung, mein eigenes Heimatmuseum, meine Ungarnsommer-Gedenkstätte. Es hält eine Zeit für mich fest, an ihm lese ich auch mein Leben ab, seine Schlängelpfade durchs Gestern, eine Art Fotoalbum im Mauerwerk, aus Stein und Putz, aus Holz und Glas, aus Schichten und Rissen, Farben und Furchen.

In der ehemaligen Sommerküche steht noch die blassgrüne Kredenz meiner Großeltern, mit Stühlen, Tisch und Tagesbett im gleichen Ton. Hinter dem Glas das Porzellan, von dem ich als Kind gegessen habe, die Tasse mit dem Rosenmuster für den Grúztee, das Blechdöschen für den Kristallzucker, der nicht weiß, sondern gelblich war, und von dem ich dachte, er sei schmutzig. In der Schublade unter der Tischplatte liegt noch immer Post von meiner Mutter, geschickt von West nach Ost. Ihre regelmäßigen Berichte und Zeugnisse des Lebens in Deutschland, der anderen Hälfte ihrer geteilten Welt, die Schrift auf den Kuverts sofort erkennbar als die verschwenderisch große Schnörkelschrift meiner Mutter, Buchstaben und Wörter wie Blumengirlanden. Nicht geschrieben, sondern gemalt, mit dem Füller gepinselt, die feinen Linien vorgezeichnet und dick nachgezogen. Überlebenszeichen, Sehnsuchtsbeweise. Liebesbekundungen aus einem fremden Land. Für die fernen, weggerückten, nicht mehr berührbaren Eltern, aufgehoben in deren Küchenschublade, im Zentrum des Hauses, des Lebens, mitten unter ihnen, im Alltag zum Greifen nah, mit einem Handgriff unter die Tischplatte fühlbar, tastbar, sichtbar, da – die Sätze meiner Mutter.

Nach der Flucht 1956 gab es keine Post, ein ganzes Jahr keinen Brief, keine Karte. Meine Mutter hat es mir an einem dieser Abende auf unserem Spaziergang zum Paradiesgartenhaus erzählt. Ein Jahr lang wurden die Briefe von ihr geschrieben, zugeklebt, frankiert, abgeschickt und auf ungarischer Seite dann abgefangen. Nie erreichten sie das Dorf, die Straße, den Briefkasten am Tor, das Haus, den Küchentisch. Umgekehrt konnte kein Brief aus Ungarn nach Deutschland gelangen. 1957 war das Jahr ohne Zeichen. Ohne Satz, ohne Wort. Das Jahr des Schweigens, das Jahr der Stille. Später dann der erste Brief der Schwester, in dem sie schrieb, die Mutter habe sich damals nicht beruhigen lassen, niemand habe sie beruhigen können. Bis zu dieser

Nachricht, die bald übers Radio gekommen war. Im Dezember 1956 hatte jemand vom Roten Kreuz im Flüchtlingslager angeboten, über den Sender Freies Europa persönliche Nachrichten, kurze, kleine Botschaften zu versenden. Meine Mutter hatte nur einen Satz gesprochen, der alles Wichtige enthielt, alles was gesagt und gehört werden musste, ungeschmückt, karg, gebaut aus wenigen Wörtern, diesen einen Satz, der genau so gesendet wurde: Ili, Inka und Teri haben es über die Grenze geschafft und sind in Deutschland. Im Dorf hatte der Nachbar am Ende der Straße einen Weltempfänger und tat in diesen Tagen nichts anderes als Radio zu hören. Die Tür zu schließen, das Deckenlicht auszuknipsen, die Gardinen zuzuziehen und seinen Weltempfänger aufzudrehen. Die Namen konnte er sofort zuordnen, drei junge Frauen aus dem Dorf, die er schon als Mädchen gekannt hatte, als Mädchen mit Schürzenkleidern und weißen Schleifen im Haar. Also zog er den Mantel über, setzte den Hut auf, ging die Straße hinab zu meiner Großmutter, stieß das Tor auf, setzte sich an diesen blassgrünen Tisch, der jetzt in der Sommerküche steht, legte die Hände aufs Wachstuch und gab den Satz für sie genau so wieder: Ili, Inka und Teri haben es über die Grenze geschafft und sind in Deutschland.

Meine Cousine und ich schauen zum Weinberg, fahren mit unseren Blicken den Garten ab, die Vielfalt aus Grün, seine Nuancen aus Hell und Dunkel in den Grashalmen, Blättern und Büschen, im Moos und Farn. Wäre das nicht ein Ort für dich?, frage ich meine Cousine und lasse es so leicht, so unverbindlich klingen, wie ich nur kann, als würde es zufällig in diesem Augenblick meine Gedanken streifen. Denn eigentlich frage ich ja, kannst du das Haus nicht behalten?

Kannst du es nicht für mich, wegen mir behalten? Kannst du es bewahren, damit ich im Sommer zurückkehren und meiner Erinnerung nachspüren, unter dieser Akazie den Stimmen von früher lauschen kann? Denn die Stimmen sind geblieben. Die Menschen sind verschwunden, aber ihre Stimmen sind da. Ich höre sie reden und lachen, sobald ich das Haus betrete, höre ich sie – nein, anders, ich höre sie schon, wenn ich das Tor öffne und an der Hausmauer entlanggehe, ich höre meine Tante rufen, meinen Onkel schimpfen, ich höre sie in der Küche, in der Diele, im Zimmer, ich höre ihre Schritte, ihr Klappern und Lachen, ihren Schlagabtausch aus Sätzen, ihren vertraut sich mischenden Singsang des Alltags. Noch immer füllen ihre Stimmen dieses Haus, blähen die Vorhänge vor den geöffneten Fenstern und drängen hinaus zu den Zweigen und Ästen.

Meine Cousine zögert, sie wird wissen, wie viel es mir bedeutet, wie viel es für mich ist, also gibt sie mir ihr mildestes Nein, als hätte sie Angst, mir dieses Nein anzutun, mir zuzumuten, jetzt und hier ein Nein zu hören. Sie braucht die Stadt, sagt sie, zum Nein gibt sie mir eine Handvoll Sätze, ihr Nein schmückt sie aus, für mich als Erklärung, für sie zur Rechtfertigung, aber wir wissen beide schon, diese Sommer liegen hinter uns, wir verlieren sie, gerade sind wir dabei, sie zu verlieren, dieser Sommer ist der letzte seiner Art. Sie braucht das Theater, sagt sie, die Konzerte, Menschen, Cafés und Restaurants, den Puls, das Treiben der Großstadt, ihren Trubel, ihre Lust an Schwung und Bewegung. Sie kann nicht ins Dorf zurück, unter Dorfleuten leben, unter Dorfleuten mit Dorfgedankenradius. Sie wird das Haus aufgeben, fährt sie nach einer Pause fort. Ihre demente Mutter erkennt es nicht, für sie hat es keine Bedeutung mehr. In den Sommern davor hatte sie es noch erkannt, ihr Bett darin, ihr Kopfkissen, ihre Tür mit dem Türgriff, ihren Küchenstuhl mit der hohen Lehne, ihre Gardinen, ihre Nähmaschine, an der sie früher Tag für Tag Handschuhe für die nahe Handschuhfabrik genäht hatte. Als Heimat taugt es ihr nicht mehr, nicht als Erinnerungsfaden, den sie aufnehmen könnte, um daraus ihre eigenen Bilder zu spinnen. Also werde auch ich dieses Stück Erde verlieren, diese Mauern und meinen mühelosen Gang ins Gestern. Wir stehen noch immer an der Tür, haben uns nicht bewegt. Wir schauen auf den Garten, die Reihe aus Obstbäumen und Gräsern, als versuchten wir, uns jede Faser Grün einzuprägen. Für uns geht in diesen Sommertagen etwas zu Ende, die Krankheit schneidet durch unser Leben, der Tod schneidet schon durch unser Leben, etwas müssen wir loslassen, in dieser sich weiterdrehenden Welt müssen wir etwas verlassen und hergeben.

• • •

Bevor ich mit meiner Mutter zurück nach Hause fahre, bevor wir abreisen und dem Dorf den Rücken kehren, packe ich Dinge aus dem Sommerhaus meiner Eltern ein, auch so eine Zeitkapsel, auch so eine Schatulle gefüllt mit Vergangenheit. In dieser Zeitkapsel haben wir gesessen, in dieser Zeitkapsel haben wir in den letzten Wochen geredet, in dieser Zeitkapsel haben wir geweint. Einige Nächte habe ich allein in der Stille des Hauses verbracht, durchbrochen nur vom aufgebrachten Bellen der Nachbarhunde. Meine Hundebellnächte. Jedes Mal, wenn mir die Strecke zu lang wurde und ich eine Pause zwischen den Kliniken und dem Balaton gebraucht habe, wenn ich keine Kraft mehr hatte, vom Dorf noch die eine Stunde bis um See weiterzufahren. Ich habe allein in diesem Zimmer gelegen, auf den Samtblumen einer Recamière aus den 1920er Jahren, zwischen Büchervitrinen und Art-déco-Lampen, und bin vor dem Einschlafen den feinen Rissen im ockergelben Putz der Wände gefolgt, als könnten sie mich führen und leiten, habe nach dem Aufwachen mit meinem Milchkaffee auf der Terrasse gesessen und unter dem ausladenden Walnussbaum das Licht am Morgen, das Licht des anbrechenden Tages bewundert. Zu meiner Mutter habe ich gesagt, jedes Mal wenn ich hier bin, will ich etwas mitnehmen. Also packe ich die Weingläser meiner Großmutter ein, zerbrechlich feine, handgeschliffene Gläser aus ihrer Aussteuer, mit einem Muster aus Schleifen und Efeuranken, bald hundert Jahre alt, eine Karaffe, blütenweiße Tischwäsche – wie hat sie die so weiß gehalten? –, verstaue alles vorsichtig im Kofferraum und sage zu mir selbst, jetzt fängst du also an, Erinnerungsstücke zu sammeln, dich mit Symbolen zu umgeben. Jetzt beginnst du, deine Brücke zu bauen. Die eine bricht dir weg, und du baust wie in Panik die nächste, jetzt fängst du also schon an.

Bevor ich das Tor schließe und mich für dieses Jahr ins Ungefähre verabschiede, mich hinters Lenkrad setze und mich aufmache ins Ungewisse und doch Vorhersehbare, rufe ich in Berlin an. Eine Freundin meines Bruders ist vor einer Woche wegen einer Infektion ins Krankenhaus gebracht worden, zuerst in die Notaufnahme, dann schnell zur Intensivstation, offenbar wegen einer Medikamente-Unverträglichkeit. Sie ist Ende vierzig, Mutter von drei Kindern. Es ist die Nebenhandlung unserer letzten Tage und täglichen Telefonate, der seitliche Erzählstrang unseres Sommers. Es sind die Nebenfiguren, und doch füllen sie immer die letzten Sätze unserer Gespräche, die Sätze vor dem Auflegen. Gestern hatte ich nach ihr gefragt, ihr Zustand hatte sich verschlimmert. Jetzt sagt mir mein Bruder, in der Nacht ist sie gestorben. Die Frau, mit der er vor kurzem noch beim Italiener in Dahlem gesessen hatte. Lachend, trinkend, lärmend. Nächste Woche wird die Bestattung in einem Friedwald sein. Erst danach kann er den Faden zu uns wieder aufnehmen.

• • •

Wir fahren die Strecke über Wien und das Weinviertel, über die Klinik in Mistelbach, zu der sie meinen Vater mit dem Helikopter geflogen haben. Unsere letzte Station vor der Heimreise, unsere Haltestelle für den Abschied. Ein brütend heißer Tag, für den Mittag sind Unwetter und Starkregen gemeldet. Der Weg ist uns schon vertraut, ich stelle das Auto auf dem Parkdeck ab, wir gehen durch die große Eingangstür vorbei am Café, wo wir nach der Operation mit meinem Bruder gesessen und zu dritt versucht hatten, bei Kaffee und Kuchen unsere Tränen nicht zu vergießen, sie zurückzuhalten. Der Aufzug bringt uns zur Abteilung Anästhesiologie und Intensivmedizin, ich fotografiere jeden Abzweig, jeden Pfeil und jedes Schild mit dem Handy, ich will den Weg bis zum Krankenbett Schritt für Schritt an meine Verwandten schicken, damit sie ihn mühelos finden, wenn sie am Wochenende meinen Vater besuchen. Mit Ungarisch kommen sie vermutlich nicht weit, aber lange sollen sie nicht suchen, sich nicht mit Händen und Füßen durchfragen müssen. Wieder melden wir uns über die Sprechanlage an, Familie Bánk, Grüß Gott, wir möchten zu meinem Vater, wieder springt die Tür für uns auf, wieder gehen wir durch die Schleuse, legen unsere Taschen ab, ziehen die weißen Kunststoffschürzen über den Kopf und binden sie im Rücken fest, wieder gehen wir den langen Gang hinab, diesen letzten Abschnitt eines Weges, auf dem man mit allem rechnen muss, werfen scheu einen Blick ins Zimmer, stehen wieder am Krankenbett und halten meinem Vater die Hände.

Wir reden an gegen das Delirium, in das er nach seiner Operation gerutscht ist, die Mixtur aus Narkose, schlechtem Allgemeinzustand, Medikamenten, Schock und langem

Krankenhausaufenthalt. Etwas zwischen Albtraum und Wirklichkeit, zwischen Betäubung und Nüchternheit, zwischen Kopfdämonen und den glattweißen Wänden seines Zimmers. Mein Vater erkennt uns zwar, redet aber wirr, er weiß nicht, wo er ist und warum. Ich sage immer wieder, du bist im Krankenhaus, du wurdest operiert, ich zähle die Stationen für ihn auf: Ich habe dich in die Klinik nach Eisenstadt gefahren, in die Esterházy-Stadt mit dem Esterházy-Schloss, die kennst du doch, wo alles entweder Esterházy oder Haydn ist, das weißt du doch, es ging dir sehr schlecht, dein Fieber ließ nicht nach, also haben wir dir den Paradiesgarten verboten und dich ins Krankenhaus gebracht. Danach warst du in Hainburg, mit der Ambulanz ungefähr eine Stunde weiter nördlich, so auf Höhe von Bratislava, aber dein Fieber ist nicht verschwunden, deshalb bist du jetzt hier, noch ein Stück weiter nördlich, mit dem Hubschrauber haben sie dich geflogen, weißt du noch? Bald kommst du nach Hause, sicher, ich verspreche es, wir kümmern uns um den Transport, ich kümmere mich schon. Alles wird wieder besser, wieder gut, du musst nur etwas zu Kräften kommen, iss und schlaf und ruh dich aus.

Der Augusthimmel hat schon achtlos sein nächstes Gewitter vorbereitet, düstere Wolken gesammelt und schickt jetzt sein Donnergrollen voraus. Als wir aufbrechen und meinen Vater an Schläuchen angeschlossen zurücklassen, fallen erste dicke Tropfen auf uns, wie um uns zu ohrfeigen. Weil wir ihn zurücklassen, allein lassen, Fremden übergeben, ohne zu wissen, ob er in absehbarer Zeit nach Hause kann, ob er uns verzeihen wird, dass wir aufgestanden, durch diese Tür gegangen und abgereist sind, ob das eine Rolle spielt für ihn oder in diesen Stunden vielleicht gar keine, und dann, ja dann, ob wir uns überhaupt noch einmal sehen werden. Werden wir? Doch im Augenblick haben wir keine andere Lösung. Mein Vater ist im Dazwischen gefangen, und wir sind es mit ihm. Von uns, von Frankfurt und Berlin zu weit entfernt, von den Verwandten in Ungarn auch zu weit entfernt. In Mistelbach haben wir niemanden.

Ein Unwetter entlädt sich über Wien, ich kann nicht weiterfahren und muss an die Seite. Ich stelle den Warnblinker an, wir sitzen im feuchtwarmen Auto unter rauschend prasselndem, peitschendem Regen, als würde ihn der Himmel als Mahnung herabschicken, als wäre die Botschaft an mich, glaub ja nicht, dass du dich einfach so entfernen kannst. Glaub ja nicht, dass du einfach so wegfahren kannst. Glaub bloß nicht, dass du deinen Vater einfach so zurücklassen kannst. Erst später machen die Wolken Platz für den großen Sommer, der uns seit Wochen umgibt, diesen stechend gelben Klimawandelsommer, dessen Hitze und Unwägbarkeiten etwas Bedrohliches, Forderndes bekommen haben. Mit jedem Kilometer entfernen wir uns mehr vom Hightech-Krankenzimmer, als kämen wir von einer Raumstation allmählich zurück auf die Erde, als bereiteten wir langsam und vorsichtig unsere Landung vor.

Wir haben das alte Koordinatensystem meiner Eltern verlassen, die Nervenbahnen ihrer frühen Landkarten, diesen Landstrich biographischer Erde, der die Stationen ihrer Flucht und Ankunft in Fremde und Freiheit nachzeichnet. Alles, was zwischen Sopron, Eisenstadt, Mattersburg und Wien liegt. Alter, vertrauter Himmel. Neuer, unbekannter Himmel – über dem Auffanglager, Übergangslager, Verteilungslager. An der Autobahn hat meine Mutter auf einem

Schild den Namen des Ortes entdeckt, wo sie meinem Vater zum ersten Mal begegnet ist. Im Herbst 1956, in dem sie beide über Nacht ihr Zuhause, ihre Familie, ihre Gegenwart und die sorgsam angelegten Eckpfeiler ihres jungen Lebens verlassen mussten. Dort hatten sie in derselben Schlange gestanden, mit schmutzigen Schuhen, vom Dreck der Novemberfelder, über die sie atemlos in die Freiheit gerannt waren und noch nichts voneinander gewusst hatten. Dort hatten sie mit einer Decke über den Schultern gewartet, bis man sie als Flüchtlinge registrierte, ihre Namen in Listen eintrug und auf Busse in eine ungewisse Zukunft verteilte.

Sofort war er ihr aufgefallen. Schmal und schlaksig, jungenhaft, mit dieser lässigen Art zu stehen, zu gehen. In einem dunkelgrünen Lodenmantel, in dem er fast verschwand. Er hatte sie angesprochen und gleich angeboten, für sie und ihre beiden Freundinnen, mit denen ihr die Flucht gelungen war, ins Deutsche zu übersetzen. Warum er seinen Mantel bei dieser Kälte nicht zuknöpfe?, hatte sie gefragt, er hatte nichts erwidert, nur auf die Knopfleiste gezeigt, damit sie sehen konnte, der Mantel war ohne Knöpfe. Eine Spende aus einem Rote-Kreuz-Sack, ein viel zu großer Wintermantel, dem die Knöpfe fehlten. Sie weiß noch, wie er nach ihrem Namen gefragt und mit welcher Melodie er dieses Ilona wiederholt hatte: Ilona – wie einen Auftakt für die nächsten Jahre und Jahrzehnte.

• • •

In Balatonfüred hatte ich an einem der Vormittage, als die Sonne schon über die Hügel gekrochen war, aber alle noch schliefen, mit meiner Pastorenfreundin telefoniert und mich beschwert. Ich war im Garten des Ferienhauses, das ich für diesen Sommer für uns gemietet hatte, zwischen Lavendel und Hibiskus, unter der Rotbuche auf und ab gewandert. Ich hatte den ersten Badegästen mit ihren Picknickkörben und Sonnenhüten auf ihrem Weg zum Strand nachgeschaut und gesagt, ich hadere sehr mit deinem Chef: zwei unbeschwerte Wochen Ungarn, die hat er uns nicht schenken wollen – warum nicht? Wie lächerlich, das war doch nicht zu viel, um was wir gebeten hatten, damit ist niemand übers Ziel hinausgeschossen, mit zwei, ja, einfach nur zwei lächerlichen Wochen: schwimmen, hinauspaddeln auf der Luftmatratze, die Kinder hochreißen und in die Wellen werfen, am blauen See warten, bis er am Nachmittag ins Grün wandert, ein oder zwei Soproni in der Abendsonne trinken, später unter den Weinhügeln in der Petrányi Pince Fisch essen und aufspringen und schnell zahlen, wenn die Stechmücken mit ihrer Blutjagd beginnen. Das alles noch ein einziges Mal! Vom Sommer Abschied nehmen, von Wasser, Luft und Sonne, das war doch nicht übertrieben, das war doch nicht anmaßend! Sie hatte erwidert, Gott hat zu viel um die Ohren, er kann nicht alles sehen, nicht überall sein, stell dir ein riesiges Büro mit unendlich hohen Regalen vor, voller Ordner, die ins Unendliche reichen, es mit der Unendlichkeit aufnehmen. Jemand hat vielleicht die Ordner vertauscht, etwas falsch abgelegt oder übersehen, das kann passieren. Und dann hatte sie gesagt, du darfst nicht hadern. Es wird leichter, wenn du nicht haderst, versuch, nicht zu hadern. Ich hatte erklärt, ich hadere nicht mit dem Ende, das Ende habe ich längst begriffen, dass es kommt und wir es nicht verhindern, nicht abwehren können. Ja, habe ich begriffen. Ja. Aber ich hadere, weil man uns nicht zwei Wochen hat schenken wollen, zwei sorgenfreie, schmerzfreie Wochen. Was sind schon zwei lächerliche Wochen gemessen an einem Menschenleben? Zwei letzte Wochen?

Ist dein Vater noch auf Erden?, fragt sie, als ich zurück in Frankfurt bin, und ich finde, es klingt besser, viel besser als tot oder gestorben. Es klingt einfach nach einem anderen Ort, an dem er sein könnte, Nangijala, dem Kirschtal, dem Heckenrosental, Nangilima, Himmel, Jenseits, etwas in der Art, wie auch immer wir es nennen, uns ausdenken und vorstellen, wie auch immer wir es für unsere Augen entwerfen, eben nicht mehr auf Erden, sondern anderswo, weitergewandert, weitergeschwebt womöglich, ist doch vorstellbar, warum nicht. Sie sieht viele Sterbende. Sie steht und sitzt an ihren Betten, redet, hört zu. Irgendwann ist der Tod deutlicher als das Leben, sagt sie, das Leben weicht dem Tod, irgendwann ist der Zeitpunkt da, und man sieht, der Tod hat übernommen, das Leben wird weniger. Das Leben geht, es zieht sich zurück, hört auf, verschwindet. Nicht mehr auf Erden – vielleicht kann mir diese Wortfolge helfen, wenn es so weit ist, wenn der Tag da ist, wenn er anbricht, vielleicht nimmt sie etwas von der Unerbittlichkeit und Härte, vielleicht gelingt es mir dann zu denken, mein Vater ist an einem anderen Ort, nur deshalb ist er nicht mehr bei uns, weil er an einem anderen Ort ist, wo wir gerade nicht sind. Dass er irgendwo noch sein könnte – auf eine sehr einfache Art beruhigt mich das. Nicht mehr leben, wie wir es kennen. Aber sein, irgendwie noch sein.

• • •

Täglich rufen wir beim ADAC an, diesem Zeitfresser, Nervenfresser, und ertragen die Folge aus Warteschleife, erster Stimme, zweiter, dritter, das Zusammenfassen des Vorgangs, formulieren immer die gleichen Sätze, hören die gleichen Fragen, geben die gleichen Antworten. Ist es nur die gängige Arbeitsweise von Versicherungen, in die wir hineingeraten? Einzahlen auf ein ungreifbares Konto, aber niemals etwas entnehmen und Ansprüche stellen? Eine Bearbeitungsnummer haben wir, aber keinen eigenen Sachbearbeiter. Wir agieren aus der Ferne, drängen auf einen Transport nach Hause, wir fordern, bitten und betteln, wir vermitteln zwischen ADAC und Klinik Mistelbach, wir versuchen, die richtigen Leute ausfindig zu machen und dazu zu bringen, endlich alles in die Wege zu leiten, damit unser Vater nach Hause kann. Langsam haben wir den Eindruck, Zeit wird absichtlich vertan und vergeudet, die Sache verzögert, in der Hoffnung, wir können unseren Vater bald selbst abholen, ihn einfach auf die Rückbank unseres Autos setzen und nach Hause bringen. Sechzig Jahre Mitgliedschaft ergeben etwa sechzig Stunden Bearbeitungszeit – vielleicht rechnen sie so.

Eine Stunde nördlich von Wien liegt mein Vater noch im Spital, ohne Orientierung, ohne Anker, ohne Radar. Ohne Begleitung, ohne Besuch, der ihm sagen könnte, was mit ihm war und mit ihm ist, der es jeden Tag an seinem Bett für ihn wiederholen könnte. Dieses Bild legt sich auf meine Atmung, auf meine Brust, meine Hände, es lässt mir keine Ruhe. Ich sage meinem Bruder, wir können ihn so nicht allein lassen, nicht so lange, also wirft er zum zweiten Mal seine Sommerplanung um und fährt los, noch einmal die Route Berlin-Wien, noch einmal über zwei Grenzen, noch einmal nachts über Prag, über Kafkas und Hrabals Prag, unter matten Lichtern über leere Nachtstraßen, zwischen ruhig schlafenden Häuserschneisen, nimmt dann ein Zimmer in der Wiener Josefstadt, findet etwas Zerstreuung in den Museen zwischen Klimt, Kokoschka und Schiele, und fährt täglich hinaus ins Weinviertel, zu diesem Krankenhaus wie aus einer Vorabendserie, sauber, hell, freundlich, in dem alles widerstandslos zu surren scheint und die Ärzte Auskunft geben, ohne dass wir ihnen hinterherlaufen müssten.

In Frankfurt warte ich auf seine Rückmeldungen, seine Anrufe am Abend mit seinem Bericht des Tages, ob wir uns dem Zeitpunkt des Transports nähern, ob unser Vater schläft, isst und trinkt, ob das Delirium Pause einlegt und klare Momente erlaubt, ob es unseren Vater reden lässt, wie er immer geredet hat. Das Telefonklingeln ist seit Anfang des Jahres zu meinem Ton der Angst geworden, es ist mein Schreckenston, mein Panikton, der die kleine Normalität meines Alltags zerschneidet, das Gefüge aus Restleben, das ich noch zusammenhalte und das wiederum auch mich hält, aus Arbeit, Geldverdienen, aus Familie und Kindern, das es ja weiterhin gibt, das nicht einfach aussetzt und sich zurückzieht, nur weil Größeres ansteht. Es ist meine Angst vor der schlechten Nachricht, vor der ich mich schützen, die ich aushalten muss. Sobald es klingelt, wirft sich mein Angstgedächtnis an und legt mich lahm, schaltet auf Notversorgung. Ich höre zwar zu, rede und mache Vorschläge, ich nicke und sage ja oder nein, aber mein Blut vergisst an einer Stelle zu zirkulieren, es hält still, bis ich Entwarnung gebe.

Seit dem Rollator ist die Angst in mein Leben gekommen. Seit der Rollator aufgetaucht ist, ist auch diese Angst da. Nicht wegen des Rollators, nicht gebunden an ihn, sondern einfach nur zeitgleich, zufällig zur gleichen Zeit. Ungefähr als wir angefangen hatten, uns mit dem Rollator anzufreunden, so wie man sich mit Dingen anfreundet, die unvermeidlich werden, und einsieht, dass man sie hinnehmen muss. Als dieses Thema ins Leben rückte und ich mit einem Mal ständig etwas sah, das damit in Zusammenhang stand, als ich anfing, Menschen zu beobachten, die damit in die U-Bahn stiegen, die Bremsen feststellten und sich während der Fahrt auf die kleine Fläche setzten, wieder aufstanden, ausstiegen und weitergingen. Die Richtung unserer Angst hat sich in dieser Zeit geändert, vielleicht schon davor, vielleicht hat sie davor schon angefangen, sich zu drehen. Früher hatte unser Vater Angst um uns, sein Vater-Grundgefühl, das er nie ganz abschütteln und loswerden konnte, wie und warum, habe ich erst verstanden, als ich selbst Kinder hatte. Er mochte es nicht, wenn ich allein im Wald joggen ging, und wenn mein Bruder früher mit dem Motorrad unterwegs war, lag unser Vater wach im Bett und konnte erst schlafen, wenn er vor dem Fenster das Aufklappen und Einrasten des Ständers hörte, wenn er wusste, sein Sohn war zu Hause, er war unversehrt. Jetzt hat sich unsere Angstrichtung gedreht. Wie eine Schlange, die ihren Kopf neben ihrem Schwanzende ablegt. Ich habe Angst um meine Eltern.

• • •

Wie kann ein Körper so schnell zerstört werden?, hat mich mein Vater in den letzten Monaten oft gefragt, als sei er fassungslos, als könne er nicht glauben, dass ausgerechnet sein Körper das mit ihm anstellt, mit ihm anrichtet, sein Körper, den er nie schlecht behandelt hatte, gegen den er nie nachlässig oder gleichgültig war, keine Exzesse, Drogen, wenig Alkohol, dafür Sport, Bewegung, frische Luft, sein Körper, zu dem er immer gut war. Fast in jedem Gespräch hat er mir diese Frage gestellt: Wie kann mein Körper so schnell verfallen? Nein, es gibt kein gutes Ende. Ja, jedes Ende ist grausam. Auch meine Cousine mit ihrer dementen Mutter empfindet es so. Im Paradiesgarten hatte sie an einem unserer tiefgrünen Abende zu ihrer Mutter geschaut und mit etwas Wut in der Stimme gesagt: Und wir haben das gekriegt, mi ezt kaptuk – das hat man uns zugeteilt, für uns vorgesehen, damit haben wir nun zu leben. Sie sagte es, während meine Tante auf ihre leeren Hände sah und sie bewegte, als fädele sie einen Faden in eine Nadel. Etwas, mit dem sie ein Leben lang ihre Zeit gefüllt hatte und das ihre Finger gespeichert haben, eine kleine konzentrierte Bewegung, die sie jeden Tag viele Male wiederholt. Sie sitzt noch immer in ihrer Küche vor dem Fenster, um das einfallende Licht zu nutzen, und näht in Heimarbeit Handschuhe für die Handschuhfabrik. Sie zieht an einem unsichtbaren Faden, löst ihn von einer unsichtbaren Spule, schiebt den unsichtbaren weißen Stoff fürs Futter unter die Nadel und beginnt, das Pedal einer unsichtbaren Nähmaschine zu treten.

Szegény ist im Ungarischen ein häufig benutztes Attribut: arm. Nicht im Sinne von mittellos, sondern im Sinne von: vom Leben gestraft, nicht gut behandelt, vom Leben vernachlässigt und betrogen, in jedem Fall bedauernswert.

Arme Judit, armer Lajos. Jedes Leben läuft so, dass es dieses Attribut eines Tages braucht, zu jedem passt dieses Attribut einmal, jedem wird es einmal angehängt, vor jeden Namen irgendwann gestellt, auch wenn es nicht unbedingt zutrifft, manchmal wird es verschwenderisch eingesetzt. Szegény Attila, szegény Ági. Es wird für Bekannte und Fremde verwendet, für das große Puzzle aus Mitmenschen, Familie, Freunde, Nachbarn, auf jeden passt das irgendwie, in irgendeiner Weise ist jeder einmal arm. Jetzt könnten wir zu meiner Tante sagen: arme Tante Jolán. Alles dürfe man ihr nehmen, nur nicht den Verstand, darum hatte sie gebeten, in der Kirche, im Gottesdienst, unter dem schlichten Holzkreuz in ihrer Diele, im Paradiesgarten unter ihrer Akazie, unter ihrem Birnbaum und vor dem Schlafengehen auf der Bettkante, wenn sie die Hände zusammenlegte. Aber genau der kam ihr abhanden, gerade der geriet ins Minus, den zog man ab, stahl man ihr, nahm man mit, in jedem Jahr mehr davon. Jetzt, in diesem Sommer der Dürre hatte meine Tante nur noch Satzsprengsel für uns, Ad-hoc-Sätze aus dem Nichts, ohne Zuordnung, ohne Miteinander, ohne Verknüpfung, ohne Davor und Danach.

Jeden Sommer hatte meine Mutter viel Zeit mit ihrer Schwester verbracht und manchmal über diesen Geist geweint, zu dem sie geworden war. Über diese Hülle, diese Erscheinung, die zwar noch genauso aussah, aber der sie nicht mehr wie früher begegnen, mit der sie nicht mehr wie in all den Jahren zuvor das Reden und Zuhören teilen konnte, das Gebilde aus Wort und Raum, das Geschwistern gehört. Sie weinte darüber, dass ihre Schwester im Nachthemd unter einem blassen Mond im Hof stand, man sie an der Hand nehmen und zurückbringen musste, dass sie durchs Haus ging, wenn die anderen schliefen, um Schränke und Türen zu öffnen und etwas zu suchen, das sie nie finden konnte, oder am Bettrand saß und jemanden brauchte, der ihr sagte, was in der Nacht, in der Dunkelheit des Hauses zu tun war, dass sie sich hinlegen müsse, da, den Kopf aufs Kissen, die Füße hoch und zudecken, ja, die Bettdecke zum Kinn ziehen, ja, genau so, jetzt die Augen schließen und weiterschlafen. Meine Mutter weinte über die Unsinnigkeiten, die ihre Schwester sagte, über all die Dinge, die ihr Kopf zerbröselte, verdrehte und durcheinanderbrachte, die er vergessen und verloren hatte, die nicht mehr auffindbar waren, und über die seltenen Augenblicke, in denen sie plötzlich das Gesicht meiner Mutter zwischen die Hände nahm und mit dem vertrauten Singsang, der alten Melodie ihren Kosenamen sagte, Ilike.

Sie hatten oft in der Küche am kleinen Holztisch gesessen, auf dem Platz für zwei Teller und zwei Gläser ist, nicht mehr, und gesungen, viel gesungen, denn das Singen war geblieben, das Singen war noch da, abgelegt in einer sicheren Kammer des Vergangenheitsspeichers, mit abrufbaren Liedern, Noten und Texten aus ihrer Mädchenzeit. Mein Vater hatte mit meiner Tante unermüdlich Erinnerung und Verstand geübt, in schier endlosen, sich immer auf dieselbe Art abspielenden Frage-und-Antwort-Gesprächen. Viele Male war er die Namen der nahen Verwandten mit ihr durchgegangen, zusammen zählten sie die Namen der Geschwister auf, die Namen der Kinder, Enkel und Urenkel. Lange Listen aus Namen, Familienverästelungen, Jahresüberschriften, Zahlenreihen, Wortgebilde, Bilderwelten, um das Denken nicht vollständig zu vergessen, den Kopf ja noch zu benutzen, das Gedächtnis und seine verbleibende Arbeitslust anzuwerfen, nicht verschwinden und diesen letzten Faden ja nicht reißen zu lassen, ihn nur nicht aufzugeben, das Leben in Gedanken nicht ganz zu verlieren.

Vor einem Jahr hatte ich die beiden so unter der Akazie sitzen und reden sehen, mein Vater wie ein überaus geduldiger Lehrer, meine Tante wie seine lernwillige, fleißige Schülerin. Und deine Tochter, wie heißt sie?, hatte mein Vater gefragt. Kati. Richtig, Kati, sehr gut. Und dein Sohn? Joco. Richtig, Joco. Und dein Bruder, deine Schwester? Imi, Ili. Stimmt, Imi und Ili. Und die anderen Brüder? Lali, Gabi. Stimmt, sehr gut, Lali und Gabi. Nur den Vater musste man nie mühsam herbitten, der Vater war selbst in dieser schwindenden, löchrigen Erinnerung stets da. Er ist zum standhaftesten Erinnerungsstückchen geworden, die uneinnehmbare Gehirnbastion, ihr Vater, mein Großvater, der mit seinem Tod im schneereichen Winter 1973 das Weltende eingeleitet hatte, lebt weiter. Vor bald fünfzig Jahren gestorben, schlendert er jeden Tag den Weg zu ihrem Haus hinab, raucht seine Symphonia und zieht am Gartentor seinen Hut. Auch das macht die Krankheit. Sie lässt die Toten nicht frei, nicht los, gibt sie nicht her. Sie lässt sie nicht tot sein. Es vergeht kaum ein Tag, an dem meine Tante nicht von ihrem Vater spricht. An dem sie nicht sagen würde, Vater kommt heute, Vater war gerade hier. Stellt einen Teller für euren Großvater auf den Tisch. Wärmt die Suppe für ihn auf, holt den Kuchen aus der Speis und nehmt die guten Teller, die mit den roten Tulpen. Öffnet das Tor, damit euer Großvater herein kann.

Also ja, jedes Ende ist grausam. Es gibt kein gutes Ende. Aber das lange Sterben macht mürbe, das verzögerte Sterben ist heuchlerisch. Täglich gibt es uns Nahrung und Hoffnung, lässt uns aufatmen, wenn wir sehen, noch ist es nicht so weit, noch ist Zeit, heute, diesen Tag haben wir noch, dieses Jetzt, diesen Augenblick, diese vierundzwanzig weiteren Stunden gehören uns, wir verfügen über sie. Das lange Sterben ist verlogen, es täuscht uns etwas vor, und wir greifen nach diesem Trugbild, halten uns fest daran. Das lange Sterben ist ein Hinhalten. Oder stimmt es nicht? Ist der Krebs eigentlich nicht so schlecht, wenn ich die Todesarten vergleiche? Beim Krebs kriegt man immerhin eine Art Vorwarnung, man wird Zeuge einer Detonation, steht am Rand eines Sprengbereichs, genau vor seiner Absperrung, vor den rot-weißen Bändern. Dicht am Ohr tut es einen Schlag, und das Pfeifen hört eine ganze Weile nicht auf. Am Tag der Diagnose weiß man, der Tag des Abschieds naht, also beginnt man die Zeit zu nutzen, plötzlich kann man sie anfassen, kann sehen, wie sie sich vor einem ausbreitet und ihre Stunden, vor allem aber ihre Sekunden, ihre Augenblicke auffächert. Man kriegt Zeit und sogar ein neues Gefühl für sie, man lässt sie nicht länger achtlos, dumm und verschwenderisch verstreichen.

Auch ich habe die Zeit genutzt, habe meinen Vater zu den Fachärzten, zu seinem Hausarzt begleitet, zu jeder Untersuchung, jedem Gespräch. Wir haben täglich telefoniert in dieser Zeit nach der Diagnose, einer Art Zwischenzeit, Zusatzzeit oder Restzeit, je nachdem, wie und ab wann man beginnt mit dem Rechnen, in der man jedenfalls Stunden anders zu zählen lernt, in der sie explosionsartig an Bedeutung, an Gewicht gewinnen und einen allein schon deshalb nervös machen. Ich bin am Abend mit einer Unruhe ins Bett gegangen und am Morgen mit derselben Unruhe aufgewacht, die Nacht hatte sie nicht mildern, der Schlaf nicht besänftigen können. Beruhigt habe ich mich immer erst, wenn ich meinen Vater gehört oder gesehen habe und wusste, er ist noch da, noch ist er da, er redet und lacht, er fragt, er hat etwas vor. Insofern ist der Krebs gar nicht schlecht. Man hat ein bisschen Zeit, das Ende geschieht nicht von einer Sekunde zur nächsten, es kündigt sich vorher an, und dann hat man Tage, Wochen, vielleicht sogar Monate, bis es da ist, bis man eines Morgens aufsteht und weiß, jetzt ist es da.

Auch das Warten, das viele Warten haben wir geteilt. Manche Tage bestanden schließlich aus nichts als warten. In den Vorzimmern der Onkologie, wo uns und alle anderen Angehörigen etwas auf eine bestimmte stille Art zusammengehalten hat, eine Mischung aus Angst und Hoffnung, aus Mut und Widerwillen, aus Trotz und Einsicht. Uns hat etwas vereint, über das keiner gesprochen hat, aber es war vorhanden, keiner brauchte darüber zu reden. Ich habe in die besorgten Gesichter der Ehefrauen, der Partner, der Ehemänner geschaut, der Söhne und Töchter, ich habe selbst so ausgesehen. Schließlich muss unser Leben enden, und etwas muss vor diesem Ende mit uns geschehen. Vor dem Tod steht die Krankheit, das ist bitter, aber unumgänglich. Es gibt keine Freiheiten in dieser Art von Erzählung, nicht in der Chronologie, sie ist vorgegeben, nach demselben, unbeweglichen Schema, immer ist es der gleiche Ablauf, die gleiche Folge aus Krankheit, Diagnose, fortschreitender Krankheit, Tod. Wir können es uns nicht aussuchen, du kannst es dir nicht aussuchen – das höre ich oft in diesem Jahr. Und warum nicht? Warum denn eigentlich nicht?

• • •

Der Krankentransport des ADAC bringt meinen Vater von Mistelbach nach Frankfurt, Freitagmorgen haben sie ihn achthundert Kilometer entfernt von uns auf einer Liege zu einem Krankenwagen gerollt, haben die Türen geschlossen und sind mit ihm losgefahren. Unser Gefahrguttransport mit den vielen Warnleuchten, unser Schwertransport, an den ich kaum mehr geglaubt habe, soll heute eintreffen. Für uns so etwas wie ein Etappensieg, so etwas wie das rot-weiße Bergtrikot, das wir überziehen dürfen: Etwas ist aufgegangen, etwas ist erledigt, es gibt etwas, um das wir uns nicht länger kümmern, für das wir keine Kraft mehr aufbringen müssen. Mein Bruder hat darauf gedrängt, dass ich dort bin, sobald unser Vater ankommt, damit er ein vertrautes Gesicht sieht, nicht wieder nur Krankenhauswände und Krankenhauskittel, also habe ich gerechnet, Wien-Frankfurt plus Freitagsverkehr, plus Freitagsstau, plus Unwetter-Nadelöhr Passau-Deggendorf, plus Autobahndreieck Würzburg, und rufe seit siebzehn Uhr im Stundentakt in der Notaufnahme des Höchster Klinikums an, um die Ankunft nicht zu versäumen. Mein Vater kehrt zurück an den Ort, von dem wir uns vor Wochen aufgemacht haben, um zusammen einen letzten ungarischen Sommer zu erleben. Hätte ich ahnen können, wie diese Reise werden, was sie uns allen zumuten und abverlangen würde, hätten wir sie nie unternommen. Ich hätte meine Eltern nicht abgeholt an diesem sonnigen Morgen, der die Hitze des Tages schon ankündigte, hätte nicht Wasserflaschen und Brötchen beim Bäcker besorgt und auf den Rücksitzen verstaut, hätte nicht ihre Taschen in den Kofferraum geladen und wäre nicht mit ihnen Richtung Südosten losgefahren. Mein Vater wäre im heimischen Garten geblieben, und wir hätten einfach nur auf ihn aufgepasst.

Beim nächsten Anruf habe ich Glück, der Krankenwagen ist soeben eingetroffen, sofort fahre ich mit meiner Mutter zur Notaufnahme. Es ist schon spät an diesem trügerisch warmen Abend, der den Himmel unschuldig rosa anmalt, Land und Stadt weiter austrocknen und verstauben lässt, an dem die Menschen mit Gießkannen über die Bürgersteige gehen, um Bäumen und Sträuchern Wasser zu geben, weil die Natur sich sträubt und verweigert. Ich stehe an der Anmeldung, wieder mit dieser dummen Panik, die ich nicht mehr loswerde, als könne ich zu spät kommen, als könne jetzt noch etwas dazwischengeraten, das uns vom Wiedersehen abhält, als könne während dieser wenigen Schritte, die ich zum Krankenzimmer gehen muss, noch etwas geschehen, das uns auseinanderbringt. Ich weiß nicht, wie ich meinen Vater nach all diesen irren Wochen antreffe, wieder liegt ein Tag hinter mir, an dem sich meine Angst schwer bändigen und ruhighalten ließ, an dem sie meine Schritte, meine Bewegungen, die Tonlage meiner Sätze bestimmt hat, an dem sie ohne Mühen und Widerstände, wild und frei wachsen konnte.

Nur ein Familienmitglied darf zu ihm, und weil ich gerade nicht widersprechen oder streiten kann, füge ich mich – ohne Widerwort. Meine Mutter lässt mir den Vorrang, ich soll gehen und die erste Hürde für uns beide überwinden, ich soll meinen Vater suchen und die ersten Sätze zu ihm sagen. Als wir in Österreich Abschied nahmen, konnte er kaum reden, uns kaum hören. Es dauert, bis ich das richtige Zimmer auf diesen langen Fluren finde, ich spreche die Pfleger an, ich klopfe an Türen, ich öffne sie, wenn niemand antwortet. Mein Vater ist allein, er liegt unter mitleidlosen Neonröhren, die den Raum unnötig grell ausleuchten, vor herabgelassenen Rollläden, die jede Vorstellung einer möglichen Welt da draußen wegsperren. Sein Gesicht ist weniger geworden, überhaupt ist er so schmal und wenig. Eine große Plastiktüte der Klinik Mistelbach zu seinen Füßen, darin sein Hab und Gut, das mit ihm gewandert ist, sein Handy, die Unterlagen der entlassenden Klinik, etwas Wäsche, die er nicht gebraucht hat, weil er seit Wochen nur diese Krankenhaushemden trägt, die am Rücken zusammengebunden werden. An jeder Station der letzten Wochen ist ihm etwas verloren gegangen, keiner hat für ihn darauf geachtet, niemand hat das für ihn übernommen, sein Gehstock, sein Ladekabel, seine leichte Sommerjacke sind nun irgendwo in Österreich, vielleicht in den Ambulanzen, im Helikopter, vielleicht in den Fundbüros der Krankenhäuser, in den Kellern der verlorenen Dinge. Wir halten uns an den Händen, ich sage, endlich bist du da, alles wird jetzt besser, wird jetzt gut, ruh dich aus, morgen sehen wir uns, du bist nicht länger allein, jetzt sehen wir uns wieder jeden Tag. Ich streiche über seine Wangen, wir reden nicht viel, er kann nicht viel reden. Freitagsverkehr, Freitagsstau, liegend auf der Strecke von Ost nach West, von Süd nach Nord, Wien, Passau, Regensburg, Würzburg, das Vorankommen manchmal nur schrittweise, unter Schmerzen, bei jeder Bodenwelle ein Stöhnen.

Er fragt, wie das geschehen konnte, warum er im Gefängnis sei? Es sieht zwar so aus und fühlt sich so an, erwidere ich, aber du bist nicht im Gefängnis, du bist in der Notaufnahme des Höchster Klinikums. Wieder zähle ich seine Stationen für ihn auf und sage, du hast eine Odyssee hinter dir, aber du bist nicht im Gefängnis. Du wirst sehen, sie bringen dich in ein Zimmer ohne geschlossene Türen, du kannst sie öffnen und hinausgehen, wenn du willst. Er schaut mich an, als könne er mir nicht glauben, als würde er denken, du redest doch nur so, um mich zu beruhigen, aber ich weiß, was hier los ist, mich kannst du nicht austricksen, mir wirst du nichts vormachen. Er sagt, am Morgen habe es eine Schießerei gegeben, eine Frau sei dabei umgekommen, deswegen sei er jetzt hier. Es sind die Reste seiner Narkose, die ihn das sehen und sagen lassen, die jüngsten Grüße des Deliriums, das ihn noch nicht freigeben will, gemischt mit den Anstrengungen der Fahrt. Wieder fange ich an zu hadern und wütend zu werden, aber wütend über wen oder was? An wen richte ich meine Wut? Schicksal, Himmel, Gott? Eine Zuteilungsstelle für Krankheitsverläufe und Lebenslängen? Wer hört meine Beschwerde, nimmt sie auf?

Jetzt raubt es ihm also noch den Verstand, denke ich, seinen gut geölten, wachen, immerzu liebevoll gepflegten Verstand, es reicht also nicht, dass sein Körper ihn verlässt, jetzt verlässt ihn auch sein Verstand. Körper und Kopf – da gab es für meinen Vater einen Zusammenhang, eine Verbindung, eine Linie, und es war eine Lebenspflicht, beides in Ordnung zu halten. Im Alter hat er kaum mehr gewogen als in seiner Jugend, mit achtzig wenig mehr als mit zwanzig. Noch immer konnte er mühelos weit in den See hinausschwimmen. Täglich hat er gegen den Computer Schach gespielt, er hat gelesen, Deutsch, Ungarisch, Englisch, er hat seinen Verstand trainiert, ihm keine Pausen der Verdummung gegönnt. Wie um einen Schatz hat er sich um seinen Verstand gekümmert, wie um eine kostbare, empfindliche Pflanze, ohne die es kein Leben und kein Überleben gibt. Könnte er jetzt mit diesem klaren Verstand von außen auf sich schauen – er müsste weinen.

• • •

Früher sind in Ungarn die Uhrzeiger stehen geblieben, wenn etwas Einschneidendes geschehen war. Der Blitz schlug in der Nähe ein, wenn der Tod jemanden mitnahm, der Wind öffnete die Tür, blähte die Vorhänge und knallte mit Wucht die Fenster zu, das Pendel der Wanduhr stand plötzlich still, ihr Ticken hörte auf – und jeder wusste, etwas ist geschehen, einer ist verletzt, verunglückt, einer ist von uns gegangen. Die Geschichte meiner Familie ist voll solcher Bilder, alle ungarischen Familiengeschichten sind so gemalt, ein Farbton aus Unheil und Unentrinnbarkeit durchwirkt dieses Gewebe, diesen Stoff aus Aberglauben und Lust am Übersinnlichen. Die Erzählungen der Großmütter waren gefüllt mit diesen Vorzeichen und Ankündigungen, mit den Meldungen des Unheimlichen, mit solchen Kurznachrichten und Warnsignalen, solchen Morsetönen aus dem Reich des Todes. Sie verbanden die Generationen, verknüpften die sichtbare mit der unsichtbaren Welt und sagten uns, achtet auf sie, erkennt und versteht sie. Schiebt sie nicht weg, übergeht sie nicht, lasst sie nicht ungehört verhallen. Die Uhr blieb stehen, als dein Großvater starb, sie schlug ein letztes Mal lauter als sonst und stand dann still. Der Blitz fuhr ins Feld, als deine Großmutter ihre Augen schloss, an dieser Stelle wuchs kein Korn mehr. Der herabstürzende Ast hat das Dach zerstört, als dein Onkel verunglückte, die Stelle ließ sich nie mehr flicken. Also warte auch ich auf ein Zeichen dieser Gattung des Unerklärlichen. Bin ich nicht bei meinem Vater, rechne ich jederzeit damit, halte Ausschau danach. Auf den Straßen und Plätzen, in den Parks, über den Dächern, Türmen und Baumkronen meiner umtriebigen, geschäftigen Großstadt des 21. Jahrhunderts, die alle Zeichen aus ihrem Kosmos gestrichen, sich aller geheimnistragenden Dinge längst entledigt hat, suche ich sie.

• • •

Mir macht Angst, wenn ich sehe, wie meine Mutter noch heute um ihre Eltern weinen kann, wie sie als alte Frau, die lange schon ohne Eltern lebt, manchmal so um sie weint, als liege der Verlust nicht weit zurück. Im Haus ihrer Eltern, das zum Sommerhaus meiner Eltern geworden ist, kann schon eine Winzigkeit ihr Weinen auslösen, ein Foto, das in Schwarzweiß an der Wand hängt, ihre Mutter mit hellem Spitzenkragen über dem dunklen Stoff, ihr Vater mit Schnurrbart und Seitenscheitel, ein Satz, eine Frage, und die Sehnsucht nach ihnen flammt auf. Das Vermissen hat sich mit den Jahren untergeordnet, aber es hört nicht auf. 1968 fuhr sie zum ersten Mal aus der neuen Heimat zurück in die alte, von Deutschland nach Ungarn, zwölf Jahre nach dem Aufstand und dem Riss in ihrer Lebenslinie. Nach zwölf Jahren im neuen Leben war ihre Sehnsucht ins Unermessliche gewachsen. Mein Vater brachte uns mit dem Auto bis zur Grenze bei Sopron, stieg aus, sagte zu meiner Mutter, von hier, Ilike, immer nur nach Osten, immer nur geradeaus in den Osten, und nahm den Zug von Wien zurück nach Frankfurt. Ein befreundeter Budapester Anwalt hatte ihm geraten, das Wagnis nicht einzugehen. Wer dem Staatsschutz damals aufgefallen war, wessen Namen er einmal auf seinen Listen führte, hätte noch immer mit Verfolgung oder Schikanen zu rechnen. Also fuhren wir zu dritt, meine Mutter, mein Bruder und ich.

Hinter der Grenze, zwischen den letzten Wachposten und ersten Häusern der Stadt, wartete damals mein Onkel. Seit Wochen hatte er sich um eine Erlaubnis bemüht, sich an diesem Tag in Grenznähe aufhalten zu dürfen, um seine Schwester in Empfang zu nehmen, und er hatte diese Genehmigung nach dem beharrlichen Sammeln von Unterschriften und Stempeln, trotz aller Entmündigungen des Systems, auch rechtzeitig erhalten. Wir durften nicht verloren gehen, nicht vom Weg abkommen, uns nicht im Dunkeln verirren. Er wusste, wir würden an diesem Tag anreisen, meine Mutter hatte uns in einem Brief angekündigt, nur wann genau, wusste er nicht. Deshalb hatte er schon gegen Mittag den Zug nach Sopron genommen, war aus der Stadt hinaus spaziert, hatte sich unter dem flachen Augusthimmel aufgestellt und in der Nähe von Grenzposten und Stacheldraht mit dem Blick Richtung Westen gewartet. Hatte sein Munkás-Päckchen immer wieder aus der Hemdtasche gezogen, eine Zigarette herausgenommen, war rauchend auf und ab gegangen, während die Sonne vor ihm versank, hatte den wenigen vorbeifahrenden Autos nachgeschaut, bis es dunkel geworden war und er irgendwann unseren weißen Opel Kadett mit Frankfurter Kennzeichen näherkommen sah.

Wir fuhren in jenem Sommer durch Staub und Matsch, ich spuckte auf die Sitze, den Boden, den Rücken und Nacken meiner Mutter. Ungarn war Staubland. Ungarn war Hitzeland, Fliegenland. Ungarn war Unwetterland, Gewitterland. Ungarn war unpassierbar, nicht befahrbar, Ungarn war gesperrt. Für uns allein schien es gesperrt, wegen uns allein schienen alle Schilder entfernt worden zu sein, die uns hätten leiten können, alles war darauf angelegt, es für uns drei unzugänglich zu machen, als brauchten wir einen Dämpfer für unsere Selbstüberschätzung, eine Quittung für die irre Annahme, uns hier, innerhalb dieser Grenzen, frei bewegen zu können. Meine Mutter verfuhr sich und brachte uns in Sackgassen, unsere Fahrten endeten vor Absperrungen und Umleitungen ins Nichts. Der Badeort Keszthely am Balaton, wo wir zu Freunden wollten, war unter Regenmassen versunken, keiner hatte uns warnen können, dass wir auf den Straßen nicht weiterkämen, weil ein gewaltiger Sturm, wie es ihn am Balaton nur selten gab, Bäume entwurzelt hatte, dass sogar das ungarische Wetter uns nicht wollte, dass es gegen uns war.

Meine Mutter hatte sich vorgenommen, stellvertretend für meinen Vater die Bánk-Orte an der Bánk-Strecke abzufahren, die Bánk-Häuser mit der Bánk-Verwandtschaft zu suchen, die Gesichter, die sie nur von Fotos kannte, wenn sie ab und an in einem Kuvert in unserem Briefkasten lagen. Der Bánk-Weg begann in Budapest und führte in den Osten, nach Gödöllő, Hatvan, nach Miskolc und die dämmernden, schlummernden Dörfer an der Theiß, diesem stillen, unaufgeregt strömenden, an manchen Abschnitten fast regungslosen Fluss. Aber im Osten Ungarns waren die Straßen gesperrt – für die Sowjetpanzer, die aus den Sowjetrepubliken über Ungarn nach Prag rollten, um den dortigen Frühling zu beenden. Ungefähr so, wie das zwölf Jahre zuvor in Budapest geschehen war. Also stiegen wir aus dem Auto, wenn unser Weg plötzlich endete, standen vor Absperrungen, hielten die Hände als Schirm über unsere Augen und schauten dröhnenden Panzern nach, wie sie den Staub über die Maisfelder wirbelten.

Meine Erinnerung ist aus flirrender Hitze und Übelkeit gebaut, aus abgeschnittenen, durchtrennten Straßen, Sackgassen und verlassenen Schneisen, die nirgendwohin führten, aus Umkehrmanövern im Rückwärtsgang, dem Aufblättern und Rascheln der Straßenkarte, der vollendeten Hochsteckfrisur meiner Mutter, ihren weißen Sandalen mit hohen

Absätzen, kaum fürs Autofahren geeignet. Sie musste über Feldwege und Lehmpisten, wollte sie in den Osten des Landes gelangen, um bei ihrer Schwiegermutter anzuklopfen und die Enkel zu zeigen. Aus Rindern und Schafen, die uns anblökten und sich wie Schaulustige um den Kadett stellten, sich an ihn schmiegten und drängten, ihn nicht freigeben wollten. Aus Schäfern, Bauern und Hirten, die uns den Weg erklärten und nicht verstanden, was uns fremde Geschöpfe hierher, an die Ausläufer der Welt gebracht haben konnte – uns Ungarisch sprechende Westler in unserem weißen Westler-Auto mit den roten Westler-Kunstledersitzen: eine für hiesige Lehmpisten viel zu modisch gekleidete junge Frau mit zwei artigen Kindern, sauber herausgeputzt, mit staunenden Augen. Meine Erinnerung besteht aus dem Gesicht meiner Großmutter, eingerahmt von ihrem silberglänzenden Haar, als sie am Tag des Abschieds mit uns bis Sopron fuhr und von dort den Zug zurücknahm, um bis zum letzten teilbaren Moment vor der Grenze, bis zum letztmöglichen Augenblick bei uns zu sein, um nicht eine Sekunde unserer gemeinsamen Zeit herzugeben.

• • •

Mein Vater schläft in diesen Tagen im Höchster Klinikum viel, während sein Krebs wächst und nichts gegen ihn unternommen wird. Gerade lassen die anderen Dinge die Unternehmungen gegen den Krebs nicht zu, die Ärzte kümmern sich um andere Stellen an diesem Körper, also wächst der Krebs ohne Widerstände, ohne Hürden, ohne Bremse, er hat eine Einladung zum Wuchern – das gehört jetzt zu ihm, das macht ihn jetzt aus: sein Wuchern. Im Schlaf wächst er, Tag und Nacht nimmt er sich das heraus, breitet sich aus, und wir lassen es geschehen, ich sitze an der Bettkante, aber tue nichts gegen ihn, ich bin feige geworden, ich habe aufgegeben. Ich muss einsehen, es wird nicht mehr besser, wir alle müssen einsehen, es wird nicht mehr gut. Ich muss nur einen Augenblick finden, in dem ich das einsehen könnte, in dem ich Zeit und Ruhe habe, es einzusehen und der Weltordnung, dem Schicksal, dem natürlichen Lauf der Dinge, meinem Gott, welcher Zuständigkeit auch immer, zu sagen, du bist stärker, du hast gewonnen, du bist das Unabänderliche.

Immerhin hat mein Vater seinen Verstand zurück, sein Verstand ist aufgeklart, über seinen Verstand verfügt er wieder, und er nutzt ihn, um mich viele Male zu fragen, ob er in die Operation eingewilligt habe. Ob er gefragt worden sei? Unterschrieben habe? Es klingt nach, warum habt ihr mich nicht sterben lassen? Nicht meinem Ende übergeben? Warum habt ihr erlaubt, dass man diesen Helikopter bestellt und mich auf einen OP-Tisch legt? Wozu das alles? Wozu quält ihr mich in meinen letzten Wochen? Als hätte ich seinen Plan zerstört, in diesem Sommer auf ungarischer Erde zu sterben, unter der Akazie im Paradiesgarten das Leben wegzugeben, abzugeben, loszulassen, es zu beenden, ausklingen zu lassen, die Augen zu schließen und zu wissen, es ist vorbei. Als hätte ich seine Wünsche missachtet, als hätte ich mit meinem verrückten, egoistischen Drang nach Leben sein Vorhaben vernichtet. Als hätte ich immer nur an mich gedacht – nie an ihn.

Mir fällt ein Bild zu diesem Sommermorgen ein, als ich meinen Vater abholte, um ihn ins Krankenhaus nach Eisenstadt zu bringen: mein Vater auf seinem Bett. Für mich so etwas wie eine Lebenskreuzung, so ein Lebensmoment, der einen nicht mehr loslässt und sich für alle Zeiten einprägt. Nachdem ich mit meiner Cousine entschieden hatte, es geht nicht mehr, keine weitere Nacht, kein weiterer Tag mit diesem Fieber, das Sitzen im Paradiesgarten ist Vergangenheit, wir beenden es, wir beschließen jetzt, in diesem Augenblick, es ist vorbei, wir werden die Boten mit der grässlichen Nachricht sein. Nachdem ich am Abend zuvor vom Balaton zum Dorf aufgebrochen war, um meinem Vater zu eröffnen, es gibt nur zwei Möglichkeiten, entweder du fährst morgen früh mit mir nach Eisenstadt, oder wir fahren zurück nach Frankfurt. Meine Eltern hatten bei meiner Cousine übernachtet, ich aber war allein im Sommerhaus geblieben, unter der tickenden Uhr mit ihrem stündlichen Klingklang, die Ruhe gestört vom Lärm eines Moskitos und dem Bellen der Hunde, hatte mich am Morgen mit meinem Kaffee unter den Walnussbaum gesetzt, der mit den ersten Sonnenstrahlen spielte, bevor ich dann zum Paradiesgarten zwei Straßen weiter fuhr, das Tor öffnete, durchs Haus ging und als ich meinen Vater sah, stehen blieb und wartete.

Er saß mit gesenktem Kopf auf der Bettkante, in diesem morgendämmrigen Zimmer mit geschlossenen Läden, diesem warmen, stillen Sommerzimmer, in dem man die Hitze des anbrechenden Tages schon spüren konnte, und schaute auf seine Hände. Vielleicht ahnte er, wusste er, er bricht auf zu seinem letzten Weg, er muss die ersten Schritte auf ihm gehen, und jetzt hole ich ihn ab – jetzt fängt es an, jetzt, mit diesem Augenblick beginnt es. Es gab diese eine Minute, in der nichts geschah, in der sich nichts bewegte und keiner von uns beiden etwas sagte, in der ich nur wartete, bis mein Vater den Kopf zu mir drehte, mir zunickte, langsam aufstand und sagte, gut, fahren wir, in Ordnung, gehen wir, und es klingen ließ wie, lassen wir es zu, lassen wir es jetzt geschehen. Er nahm seinen Stock und schritt durchs erwachende Haus, über den Terrazzino-Boden durch die Diele zur Tür, über den Hof mit letztem Blick auf den Paradiesgarten hinaus zur Straße, wo meine Mutter und meine Cousine schon standen und uns hinterherwinkten, als wir losfuhren.

Dennoch waren wir in dieser Klinik in Eisenstadt leicht und ausgelassen, leicht und fröhlich, ausgerechnet am Ausgangspunkt seiner Irrfahrt, am Check-in seiner Leidensroute. Es ging meinem Vater besser, er bekam eine Infusion, man hatte schnell eine Lungenentzündung diagnostiziert, die es dann nicht war. Aber in jenem Augenblick glaubten wir das, wir glaubten es sofort, und wir glaubten es zu gerne, es gab keinen Grund, es nicht zu tun, keinen Grund, an einer Lungenentzündung zu zweifeln und sich nicht zu zweit daran festzuhalten, an dieser guten, harmlosen Nachricht, wie Schiffbrüchige, die sich ein Stück Treibholz teilen. Es gab keinen Grund, nicht zu denken, eine Lungenentzündung lässt sich heilen, mit einer Lungenentzündung können wir leben, ein gutes Stück getrost weiterleben. Wie so oft verbrachten wir den Tag im Warteraum, gingen zwischen den Untersuchungen ins Klinik-Café, rollten den Ständer mit der Infusion dorthin, um in Berlin anzurufen, reichten das Handy weiter, alles war in diesen Stunden gut, alles schien machbar und unter Kontrolle, wir bewegten uns in einem sicheren Raum mit Ärzten, Schwestern und Infusionen. Mein Vater redete und lachte wie immer, wir redeten und lachten wie immer, wir hatten Zeit, und er hatte nur eine Lungenentzündung.

Bevor ich am Abend zurück ins Dorf fuhr, besorgte ich für die Zukunft fiebersenkende Medikamente in der Apotheke an der Esterházystraße, die uns in den Fiebertagen begleitet hatten, auf die meine Cousine und ich mit Sorge geschaut, die wir panisch wie Junkies nachgezählt hatten, ob sie für den nächsten Tag und die darauffolgende Nacht noch reichen würden. Denn eine Zukunft gab es ja jetzt wieder, also brauchte es für diese Zukunft auch Medikamente, etwas wie Zukunft breitete sich wieder vor uns aus, vielleicht nur eine kleine, winzige Zukunft, aber für den Moment wenigstens schienen wir gerettet, für den Moment hatte man uns aus den Fluten geborgen, gepackt und in ein schaukelndes Boot gesetzt. Über mir fiel der Himmel in dunkleres Blau und schickte leichten Regen, um die Hitze abzulösen, den Staub zu binden. Ich atmete durch und ging eine Runde vor dem Esterházy-Schloss, um das Krankenhaus loszuwerden, seinen Geruch, seine Bilder, den ganzen Krampf in mir und meinen Angstadern, setzte mich auf die Restaurantterrasse gegenüber, rief in Berlin und im Dorf an, wo das Telefon in der Diele mit dem Terrazzino-Boden klingelte, über den mein Vater am Morgen an seinem Stock gegangen war. Ich gab Entwarnung, meine Aufgabe war es, reihum für Aufatmen zu sorgen – eine gute, eine leichte Aufgabe. Wir alle hatten eine Pause im Untergang, es gab ein Aussetzen im Zeitvergehen. Heute hatten wir uns ein Stück vom Tod entfernt, wir selbst hatten ein Absperrband vor der Gefahrenstelle angebracht und für Distanz gesorgt, für eine Art Sicherheitsabstand, für den Augenblick war alles in Ordnung und geregelt. Wir brauchten nur fiebersenkende Medikamente für die nahe Zukunft, und die hatte ich soeben besorgt. Lungenentzündungen sind harmlos. Lungenentzündungen sind nichts. Wenn man vor dem Krebsende Angst hat, sind sie geradezu ein Geschenk.

• • •

Ich fange an, meinen Vater zu vermissen. Obwohl er da ist, fange ich an damit. Weil vieles nicht mehr geht in diesem Jahr, habe ich mit dem Vermissen schon begonnen. Seine Erzählungen werden verschwinden. Unser Archiv an Geschichten, unsere Familienbibliothek: aus dem Regal ziehen, blättern, an der gewünschten Stelle aufschlagen, lesen und versinken. Unsere Generationen-Übersicht: Stichwort eingeben, abrufen, mitnehmen, in den Kopf setzen, speichern, aufbewahren. Wenn ich im Klinikum Höchst bei ihm bin, redet er nicht viel, er kann nicht mehr viel reden, ich übernehme das. Wir stecken die Köpfe zusammen, ich streiche über seine Wangen, seinen Bart, sein weiches Haar, das in diese typische Locke hinter dem Ohr fällt, wir fassen uns an den Händen. Solange das noch geht, bin ich zufrieden. Das Reden mit ihm werde ich am stärksten vermissen. Wie oft habe ich in diesem Jahr gedacht, das muss ich ihm erzählen, das kann ich mit ihm teilen, darüber wird er lachen – und im nächsten Augenblick, es wird nicht mehr gehen, schon bald wird das nicht mehr gehen. Ich werde seine ganze Art vermissen, die Art, wie er mit meinen Kindern umgeht, wie er für sie jederzeit, ohne Einschränkung verfügbar ist, ihnen umstandslos vermittelt, sie sind der Mittelpunkt der Welt, einfach weil Kinder das für ihn sind: der Mittelpunkt der Welt, weil auch mein Bruder und ich das für ihn waren: der Mittelpunkt seiner Welt, wie er sogar jetzt im Krankenbett mit ihnen umgeht, obwohl er kaum Kraft hat, wie sie sich zu ihm setzen, sich an ihn schmiegen, zu ihm legen, hoffen und glauben, dass er bald aufsteht und sein altes Leben, sein früheres Treiben wieder aufnimmt. Ich werde vermissen, wie er versucht, im Krankenzimmer so etwas wie Normalität für sie herzustellen, den Alltag hereinbittet und sie ermuntert zu erzählen, wie er ihre Dinge bespricht, wie er weiter unermüdlich und unersättlich ist, ihre kleinen großen Geschichten aus ihrem Mund zu hören.

Sein Erzählen werde ich vermissen. Ich vermisse es jetzt schon. Auf der Fahrt nach Ungarn, in dem grünen Niemandsland zwischen Wien und Sopron, wo das Radio ein Senderwirrwarr empfängt und die Sprachen vermischt, Deutsch, Tschechisch, Slowakisch, Ungarisch, Slowenisch, in dem Sprachtunnel, durch den man reist, wo für zweiundvierzig Minuten Strecke ein unentschlüsselbarer Sprachcode herrscht, der spätestens, allerspätestens hier den Osten ankündigt, hat uns mein Vater von der Vámpalota erzählt – dem sogenannten Zollpalast, wo die Generation vor ihm aufgewachsen war, einem Haus mit einem Namen, der nach Wohlstand, nach Eleganz geklungen hatte. Seine Mutter und seine Tante waren in diesem Zollpalast großgeworden, Zöllnerkinder, Beamtentöchter, Nachkommen der Staatsbediensteten, sicher die Einzigen mit Klavier- und Ballettunterricht in Hidasnémeti, dem Dorf in Ostungarn, wo sie ihre Kindheit und Jugend verbracht hatten, ein winziger, unerheblicher Außenposten Österreich-Ungarns, hinter dem das Zarenreich begann.

In einem Feriensommer vor langer Zeit hatte mein Vater seiner Mutter und Tante einen Ausflug versprochen und sie nach dem Frühstück ins Auto steigen lassen, ohne ihr Ziel zu verraten. Er suchte die Vámpalota, er wollte mit ihnen vor dem ehemaligen Zollpalast stehen, wie vor einem Tor in die eigene Vergangenheit, und sie hineinspazieren lassen. Vor dem Ortsschild hielt er an, ließ sie aussteigen und den Schriftzug, Schwarz auf Weiß in rotem Rahmen, laut vorlesen: Hidasnémeti. Sie fanden schnell das Haus in der Nähe der Bahngleise, was die Bezeichnung Palast allerdings nicht verdient hatte, auch wenn es Mutter und Tante immer so dargestellt, so ausgeschmückt hatten: ein vergessenes, von Sanierungen unberührt gebliebenes Häuschen mit Veranden und Säulen, die blätternd und bröselnd von einer besseren, weit zurückliegenden Vergangenheit sprachen. Mein Vater hatte lachen müssen, das ist also euer Palast! Er hatte angeklopft, die Tür wurde geöffnet, und mein Vater erklärte, die Damen seien hier aufgewachsen, ob sie sich umschauen dürften? Man ließ sie ein, brachte Pálinka, redete über alte Zeiten, über Zollabfertigung, Handelswege, über Kaiserzeit, Krieg und Kommunismus, über den Mangel an Baumaterial, über splitternde Fensterrahmen, Putz und Bodenfliesen, ging durchs Haus in den Garten, wo die beiden sich alles ins Gedächtnis riefen, die Stimmen von Vater und Mutter, von Großvater und Großmutter, die Schaukel, den Birnbaum und das Spiel in seinem Schatten.

Meine Großmutter hatte einen Bahnbeamten geheiratet, den Zollpalast verlassen und ihr Leben fortan in Bahnhöfen verbracht. Sie wechselten häufig die Orte und bezogen immer die Wohnung im Bahnhofsgebäude, die der Familie des Bahnhofsvorstehers zustand. Als er starb, blieb ihr das lebenslange Wohnrecht. Mein Vater war ein Bahnhofskind gewesen, ein Kind der Abfahrten und Ankünfte, der Signale und Trillerpfeifen, die Züge und Waggons waren seine Spielgefährten, seine Kumpane und Wegbegleiter. Seine frühen Jahre rankten sich um Bahnhöfe, waren um Schienen gebaut, um sie herum geflochten, ohne sie undenkbar. Es war nie schwer, nach Hause zu finden, und es war nie schwer, von zu Hause wegzukommen. Zugführer und Schaffner warteten, bis die Bánk-Söhne am Morgen zur Tür hinausstürmten und auf den Zug sprangen, um nach Miskolc zum Trappisten-Gymnasium zu fahren. Kamen sie am Nachmittag zurück, waren es nur wenige Schritte die Stufen hinauf, und sie waren zu Hause. Mein Vater liebte Bahnhöfe. Er liebte Züge. Güterzüge, Personenzüge, Lokomotiven, Waggons in allen Farben und Formen. Seine Liebe hörte nie auf. Wenn er das ungarische Wort für Zug sagte, vonat, das für Bahnhof, állomás, hatte es immer diesen Klang, diese Melodie, diesen Ton mitgedachter, versteckter Liebe. Nie hatte ihn das Geräusch sich ankündigender, einfahrender, bremsender, quietschender, dampfender, dröhnender, abfahrender, durch die Nacht rauschender Züge gestört. Es hatte ihn umgeben wie andere die Stille der Wälder.

Dreht es etwas im Kopf, so aufzuwachsen, so zu leben? Sorgt es für eine bestimmte Art von Beweglichkeit, Schnelligkeit, Sprungbereitschaft, die ich in meinem alten Vater noch sehen konnte? Er hatte nie Angst, aufzubrechen und in Bewegung zu sein, er hatte Freude daran, Länder zu sammeln, Sprachen, Landschaften, Gesichter. Ein Vorschlag von Freunden oder Verwandten, loszuziehen und zu verreisen, reichte ihm aus, den Koffer vom Schrank zu nehmen und mit dem Packen anzufangen. Diese Zeit der Unbeweglichkeit – die setzt ihm zu, die hält er schwer aus, die bringt ihn an seine Grenzen.

Mein Vater erzählte uns viele Bahnhofsgeschichten, von denen wir als Kinder nie genug kriegen konnten. Darunter auch die Geschichte von meinem Onkel, den mein Großvater einmal zufällig erwischt hatte, als er aus dem Fenster des Klassenzimmers auf die Straße gesprungen war. Er hatte ihn am Kragen gepackt und umgehend beim Direktor abgeliefert. Mit fünfzehn wollte er zum Sommer hin die Schule abbrechen, mein Großvater willigte schnell ein und besorgte ihm für die anstehenden Ferien Arbeit auf dem Bahnhofsgelände. Den ganzen Sommer zupfte mein Onkel das Unkraut zwischen den Bahngleisen, den heißen, staubigen, sonneausgießenden Sommer lang stieg er nach dem Aufstehen die Treppe hinunter und begann, das Unkraut zwischen den Schienen, unter den spröden Schwellen herauszuzerren. Während die anderen ihren Ferienvergnügungen nachgingen, beugte er sich über Disteln, Löwenzahn und Gänsefuß und warf sie in einen Eimer. Er wurde krank, ihm war elend, er lag im abgedunkelten Zimmer hinter zugezogenen Läden. Bald verkündete er, ich gehe weiter zur Schule – wenn das Arbeit ist, gehe ich lieber weiter zur Schule.

Es gab in der Erinnerung meines Vaters unzählige Bahnhofsbilder, Bahnhofsschnappschüsse, die erzählten und genau beschriebenen und die nicht erzählten, nicht für uns bestimmten. Bilder, die flüchtig waren, und Bilder, die sich eingebrannt hatten, die er mitgenommen hatte in sein späteres Leben und die sich nie auflösten: das Gesicht seines Vaters, am Fenster im oberen Stockwerk, neben den zur Seite gezogenen Gardinen, als seine erwachsenen Söhne in den Unruhen des Aufstands im Herbst 1956 ein letztes Mal vom Bahnsteig zu ihm hochwinkten, sich umdrehten und auf den Zug Richtung Westen sprangen. Mein Vater konnte seinen Blick nicht vergessen, lange Zeit schlief er mit ihm ein, träumte von ihm, wachte mit ihm auf. Im Gesicht seines Vaters hatte er ablesen können, ich werde nicht mehr zurückkehren, wir werden uns nicht mehr sehen, ich weiß es noch nicht, aber mein Vater weiß es, er sieht es voraus. Ich glaube zwar, es sind nur zwei, drei Monate, in denen wir getrennt sein werden, aber mein Vater weiß mehr, mein Vater überblickt die Dinge anders, mit seinem Gespür für das Wesen der Geschichte überblickt er die Dinge anders. Auch so ein Sterben, so ein kurzes, schnelles, riesiges Sterben. Gesehen haben sie sich nach diesem letzten Winken nie mehr. Als mein Großvater wenige Jahre später starb, konnten seine Söhne noch nicht nach Ungarn einreisen.

In den achtziger Jahren des letzten Jahrhunderts, als der Niedergang des Ostblocks nicht zu ahnen war, die geteilte Welt gefestigt und für allezeit so eingerichtet schien, ist eine Freundin mit meinem Bruder nach Ungarn gefahren, hinter Budapest in diesen düsteren, vergessenen Teil nach Osten, ins ferne Vámpalotaland. Sie erzählt mir davon beim Abendessen in einer Frankfurter Kneipe und bringt etwas zurück in meine Erinnerung, sie beschreibt ihre Reise ins Vámpalotaland so deutlich, als würde sie ein Bild zwischen unseren Tellern und Gläsern aufstellen. Nie wird sie vergessen, sagt sie, wie sie über Feldwege und Schotterpisten, durch Lehm, Matsch und Kuhfladen durch die Dunkelheit fuhren, durch ein Labyrinth ohne Hinweisschilder und Beleuchtung, ins Hinterland der Theiß, um meine Großmutter in ihrem Bahnhofsgebäude zu besuchen. Und meine Freundin erzählt, wie sie damals nicht genug darüber staunen konnte, was sich unweit vom letzten Kuhfladen, am Rande dieses Nichts, hinter dem Bahnhofsportal im oberen Stockwerk verbarg: Parkettböden, Bücherschränke, Klavier, Chaiselongue, feines Porzellan in einer Vitrine, alle Merkmale bürgerlichen Lebens aufbewahrt und noch immer vorhanden –

darin eine kleine weißhaarige Frau, die ihre Arme ausbreitete und sie auf Deutsch begrüßte. Mehr als dreißig Jahre später erinnert sie sich sogar an die Möbel und Stoffe, sie beschreibt mir das Blumenmuster in Purpur und Rosé auf dem Bezug der Chaiselongue, und ich sage, du wirst es nicht glauben, aber die gibt es noch immer, jetzt im Sommerhaus meiner Eltern, erst vor kurzem habe ich auf ihr geschlafen.

• • •

Ich hatte ein Gespräch mit Gott. Ja, ich rede viel mit Gott in diesem Sommer, möglicherweise zu viel. Vielleicht hat er keine Zeit für mich, sicher kennt er dringendere Nöte, drängendere Gebete, aber immerzu muss ich mit ihm reden, eine Frage aufwerfen, mit einem Wunsch vor ihn treten, mich abwimmeln, vertrösten lassen. Oder aber mich trösten lassen, auch das gibt es, auch das kommt vor. Schon Anfang des Jahres hatten wir uns unterhalten, also ich hatte geredet, Gott hatte nur zugehört, mit seinem großen, auf jeden Ton, jede Tonlage ausgerichteten Ohr, mit dem er auch meine Stimme empfangen müsste, selbst wenn ich nicht laut rede, wenn es nur in meinem Kopf spricht, für andere also unhörbar bleibt, müsste er es hören können. Im Januar, auf der stationären Onkologie im Klinikum Höchst, Station 7L, mitten in diesem unwürdigen Krankenhaussterben, mit einer gehetzten, lieblosen Schwester, die uns mit jeder Bewegung, jedem Blick bedeutete, in keinem Fall ansprechbar zu sein, mit einem Patienten auf dem Gang, der röchelte, hustete, jammerte und sich wand, aber für dessen Bett es offenbar keinen besseren Platz gab. Ich war diesen Gang hinabgeschritten, hatte mich vors große Fenster gesetzt, zum Höchster Himmel geschaut, von meinem Vorposten der Verzweiflung, meinem zugeteilten Platz als Bittstellerin, und mit Gott geredet. Nicht mehr mit einem Arzt, sondern mit Gott. Mit Ärzten hatte ich genug geredet. Das war kurz nachdem ich meinen Kindern gesagt hatte, flippt jetzt bitte nicht aus, aber bei Opa ist der Krebs zurück. Und es ihnen wirklich gelungen war, nicht auszuflippen, sondern nur zu weinen und mit der Faust ins Kopfkissen zu schlagen. An diesem Höchster Klinikfenster wollte ich meine Bitte loswerden, die Bitte hochschicken, es nicht hier enden zu lassen. Lieber Gott, flüsterte es in mir, bitte nicht hier. Nur so viel, kein großer Wunsch, nichts völlig Abgedrehtes, Anmaßendes, Übertriebenes, komplett Verrücktes, einfach nur: bitte nicht hier.

Das war kurz nach der Diagnose gewesen. Die fast überflüssig war. Dass die Knochen nicht mehr trugen, sahen wir selbst. Jeder Schritt eine Überwindung, ein Aufwand, eine Bündelung aus reinem Willen und Trotz, nicht mehr aus Kraft. Aber man will es, man muss es hören, von einem Arzt gesagt bekommen, damit es wahr wird, damit es glaubhaft ist, obwohl man gar nicht will, dass es glaubhaft oder wahr ist, obwohl man alles will, nur das nicht. Das war kurz nachdem sich der Schmerz zurückgemeldet hatte und anfing zu wandern, an jedem Tag zu einer neuen, weiteren Stelle, von oben nach unten oder umgekehrt, ganz und gar durcheinander, nach Belieben kreuz und quer, Sprunggelenk, Knie, Ellbogen, Schultern, Hände. Damit es nicht langweilig wird, hatte mein Vater zu mir gesagt und gelacht, und mir war dieser dumme Satz eingefallen, den ich einmal aufgeschnappt hatte, wenn der Krebs schon weh tut, ist es zu spät. Ich hatte meinen Vater von Arzt zu Arzt gebracht, hatte das Auto nah am Eingang geparkt, und er war die wenigen Schritte an seinem Stock gegangen. Selbst das gemeinsame Warten war reich gewesen, das stundenlange, zeiträuberische Warten, bis wir aufgerufen wurden. Die Auswertung, schließlich die Bilder der Szintigraphie: ein weißes Skelett, befallen von schwarzen Flecken, auf die wir starrten, unter denen wir verstummten. Dazu die absurden Irrläufe in meinem Kopf, vielleicht ist es nur Rheuma. Oder etwas ganz anderes.

Das war kurz nach dem Wort unheilbar. Ein großes Wort, dem wir uns erst annähern, dessen Bedeutung wir erst erfassen mussten. Wir mussten nachdenken darüber, was es überhaupt, so ganz allgemein heißt und was es insbesondere für uns heißen, wie es sich auf unsere Tage und Monate verteilen, sie überziehen und einhüllen, sie umstülpen und aufwühlen würde, wie unsere Tage und Monate unter diesem Wort aussehen könnten, wie es sich über unseren Köpfen bewegen und ausbreiten, uns überfallen, einnehmen und festhalten würde. Erst mussten wir seinen Sinn oder Unsinn unter den Buchstaben finden, seine wahre Bedeutung, das Hinterhältige und Unentrinnbare darin, dass es heißt: ohne Heilung, dass es heißt: ohne Ausblick, dass es heißt: ohne Zukunft, dass es heißt: ohne Morgen, dass es heißt: Es wird nicht mehr besser, es wird nie mehr gut. Die Ärztin hatte es für uns auf den Tisch gelegt, nein, abgeworfen hatte sie es, mit einer Wucht fallen gelassen, ohne Emotionsfaden, ohne auch nur einen hauchdünnen, gerade noch erkennbaren Faden Mitgefühl hatte sie es vor uns, für uns abgeworfen. Und uns dann ungefähr sechs Minuten gewidmet. Vielleicht nur fünf. Nach zwei Wochen aufwendiger Untersuchungen und anschwellender Ängste, die zur Gewissheit wuchsen, hatte sie nur diese wenigen Minuten für uns gehabt. Viel hatte sie nicht gesagt, nur einen knappen, wenn auch grammatikalisch vollständigen Satz über den Tumor, mit Subjekt, Prädikat und adverbialer Bestimmung, nicht mehr als drei Wörter aneinandergereiht: Der ist so. Dann klingelte ihr Telefon, dann aß sie ihren Apfel zu Ende und schaute uns an mit einem Blick, der fragte, was denn jetzt noch?

Einen Zeitrahmen hatte mein Vater haben wollen, er hatte wissen wollen, wie viel Zeit ihm bleiben würde. Zwischen zwei Monaten und zwei Jahren, hatte sie gesagt, und ab sofort wieder Chemo. Ich hatte gefragt, wie kann das sein, dass der Krebs jetzt wiederkommt, mein Vater ist zu jeder Nachsorge-Untersuchung erschienen, wie kann das sein? Als hätte ich verhandeln, als hätte ich ihr klarmachen können, in seinem Fall musste es sich um einen Fehler handeln, um etwas, das übersehen oder vertauscht, das einfach nicht bedacht worden war. Als könnte ich hier, vor diesem Schreibtisch, Lebenszeit aushandeln, als stünde ausgerechnet so etwas wie Lebenszeit zur Disposition, als sei sie Verhandlungssache mit Ärzten, als könnte ich sie jetzt, in diesen wegfliegenden Minuten, erkämpfen. »Derisso« hatte die Ärztin wiederholt, hatte drei Wörter in eines zusammenschrumpfen lassen, nicht einmal das t dazwischen hatte sie uns geschenkt, nicht einmal für das t zwischen »ist« und »so« hatte sie sich Zeit genommen, als sei ihr ein überflüssiger Buchstabe und die Mühe, die sie für ihn aufbringen müsste, nur lästig, als seien wir ihr lästig, als raubten wir bloß ihre Zeit, als würde sie uns am liebsten sagen wollen, mein Gott, Sie sterben, so ist das nun mal, wir alle sterben, stellen Sie sich doch nicht so an!

Wenig später an diesem großen Fenster im siebten Stock hatte mir Gott kein Zeichen gegeben. Es gab nichts, was sich im Himmel bewegt hätte oder vom Himmel für mich herabgefallen, hinabgesegelt wäre zu diesem großen Krankenhausfenster, um mir etwas zu sagen, zu zeigen. Ich konnte nichts finden, was Gott für mich aufgehängt oder angebracht hätte, einen Lichtstrahl, einen Regentropfen, eine Wolke, ihre plötzlich sich verändernden, verschwimmenden oder aber schärfer werdenden Umrisse vielleicht, irgendein lächerlich winziges Versprechen auf diesem Krankenhausflur, auf diesem Gang zwischen den Welten, zwischen hier und dort, zwischen Leben und Sterben. Trotzdem hatte ich mich auf ihn verlassen. Einfach aus einem alten Gefühl heraus, dass ich das kann. Dass es möglich ist, dass es geht. Jetzt, ein halbes Jahr später, bin ich wieder hier und ahne, es wird doch hier enden, Gott will es doch hier enden lassen, womöglich hat er mich gar nicht gehört.

• • •

Wieder ein verrückt heißer Tag, an dem die Blätter an den Bäumen verdursten und das Gras sich bleicher färbt, alles will sterben, strebt zum Ende hin. Ich fahre Richtung Westen und biege in eine dieser kleinen Vorortstraßen ein, mit weißen Mauern, roten Dächern, niedrigen Zäunen und Vorgärten, ich muss mit dem Hausarzt meiner Eltern klären, wie es weitergehen kann, welche Hilfe es geben wird, sobald mein Vater nach Hause darf. Ich sitze im Sprechzimmer und atme in den Bauch, versuche, an einen ruhigen, wellenlosen See zu denken, an einen See ohne Bewegung, an sein Blau, seine Weite. Durchs offene Fenster quillt die Mittagshitze, der Sommer wächst weiter, er will noch größer werden, dazu mischen sich die Geräusche der Vororte, wenige vorbeifahrende Autos, rasselnde Hundeleinen und die leise gezischten Kommandos der Hundebesitzer.

Ich lege meine Hände zusammen und berichte von den letzten Wochen, Ungarn, Österreich, Höchst. Er ist der erste Arzt, dem ich nicht lästig bin, der mich nicht loswerden, abschütteln und abspeisen will, der offenbar ahnt, wie sehr ich mich zusammennehme und ringe, wie sehr ich mit meinen Kräften haushalte und sie dennoch Tag für Tag abnehmen, der ein Auge dafür hat, wie schwer es mir fällt, mit ihm zu reden, weil ich meine Stimme für jedes Wort, jeden Gedanken neu finden und anwerfen, für jeden Satz neu einrichten und austarieren muss. Der das hier sicher schon hundertmal, tausendmal so und so ähnlich durchgespielt hat, zu anderen Tageszeiten, Jahreszeiten, mit anderen Menschen, Blicken und Stimmen, ohne dass es sich abgenutzt oder abgeschliffen hätte. Er schreibt alles auf, schaut hoch und sagt, ich bewundere Ihren Vater, wie er mit seiner Krankheit umgeht, wie er mit ihr lebt, wie fröhlich und unerschütterlich er ist, wie unbedingt er die verbleibende Zeit nutzen und genießen will, und mir fällt sofort eines dieser kleinen Glücksdinge ein, mit denen mein Vater sein Leben gefüllt, aus denen er es gebaut hat – wie er vor wenigen Wochen zwischen Haselnussstrauch und Apfelbaum in seinem Garten für einen Moment die Augen geschlossen und sein Gesicht der Sonne entgegengestreckt hat.

Der Hausarzt ruft im Höchster Klinikum an, er fragt, was sie vorhaben, wann mein Vater entlassen wird, und nimmt mir die Angst, allein zu sein, mit jedem weiteren Satz löst er etwas von meiner Angst auf und gibt mir das Gefühl, etwas Zeit bleibt uns noch, Dinge zu regeln, wir sind nicht allein, für alles wird gesorgt, es gibt im Krankenhaus einen Sozialdienst, der sich kümmern wird, für zu Hause dann einen Pflegedienst, nicht alles müssen wir allein schultern. Was wir allein schultern müssen, reicht aus. Den Rest übernehmen jetzt andere. Bevor ich gehe, fragt er, wann ich zum letzten Mal ein Gedicht der Annette von Droste-Hülshoff gelesen habe. Er kennt meinen jüngsten Roman, deshalb die Droste. Vor langer Zeit, sage ich. Vor sehr langer Zeit.

• • •

Klingt es vermessen, überheblich, dreist oder einfach unwahr, wenn ich sage, ich habe nichts vermisst in unserer Vater-Tochter-Verbindung? Ist es besser, keine solche Verbundenheit, keine Nähe gehabt zu haben? Ist es dann leichter? Wenn es schon schlimm ist, einen schlechten Vater zu verlieren, wie grausam muss es sein, einen guten Vater zu verlieren?, fragt mein Cousin an einem dieser Vormittage am Telefon, denn auch das ist etwas, das jetzt zu meinem Tag gehört, das Auskunftgeben und Vertrösten der nahen Verwandten, die sich abwechselnd auf uns drei verteilen, meinen Bruder, meine Mutter und mich. Bevor das Telefon klingelt und meine Geschäftigkeit eröffnet, bevor ich die ungarischen Namen auf dem Display sehe, Kati, Joco, Ildikó, Isti, bereite ich die Sätze des Tages schon auf Ungarisch vor, während des Kaffeekochens sage ich sie zu mir selbst, während des Zähneputzens, des Haarebürstens denke ich sie. Es ist eine Sprache, die ich nicht umgehend parat habe, in der ich überhaupt wenig parat habe und mich nur langsam, tastend, stolpernd bewege, die ich mir mühsam gegen alle Widerstände, alle Hürden von Grammatik und Aussprache zusammendenken und aufs neue zusammensetzen, für die ich in meinem dicken Pons die Wörter des anbrechenden Tages nachschlagen muss: Verwirrtheit, Zustand, Narkose, Pflegestufe, Pflegedienst, Entlassung. »Wir hoffen« – reméljük – schließt die meisten Gespräche ab, »wir hoffen, dass«, »hoffen wir, dass«, »ja, lasst uns hoffen, dass« – dieses reméljük setzt das Ende des Telefonats, reméljük steht jedes Mal am Ende unserer Satzschleifen, es ist der Punkt am Ende unseres Satzes, das Ausrufezeichen am Ende unserer Gedanken, das reméljük muss ich nie nachschlagen, nach reméljük brauche ich nicht zu suchen, es ist unsere wiederkehrende Vokabel, die wir uns zuwerfen, unser Wort der täglichen Beschwörung – wir hoffen, lasst uns hoffen, hoffen wir.

Jetzt liegt mein Vater in der Abteilung für Altersmedizin – ja, sag das mal schnell auf Ungarisch, hab das mal sogleich auf Ungarisch parat –, und das nächste, überschaubare, naheliegende, erreichbare Ziel ist: zu Kräften kommen, an Gewicht zunehmen, wieder beweglich werden, also essen, sich aufsetzen, noch etwas essen, ein bisschen gehen, nicht nur liegen. Die Disziplin meines Vaters spielt dem zu, niemand muss ihn zwingen, drängen oder ihm gut zureden, er steht von selbst auf, nimmt seinen neuen Stock und geht seine schwachen, langsamen Schritte den Gang hinab, zwischen Tablettwagen, Besucherstühlen und an die Seite geschobenen, mit Folie abgedeckten Betten, für die im Moment niemand Verwendung hat. Mit zwei Männern teilt er das Zimmer, rechts und links von ihm liegen sie. Der eine wird in all diesen Tagen nicht ein einziges Mal besucht, beim anderen schaut die Tochter am Wochenende vorbei, allerdings nur, um zu streiten. Am Bett meines Vater sitzt immer jemand, auch jetzt, da er wenig Kraft zum Reden hat. Einer von uns ist immer bei ihm. Noch haben wir keinerlei Plan, keine Vorstellung davon, wie das Leben wäre, wenn auch dieses Letzte, Wenige entzogen sein könnte, wie unser Leben ohne meinen Vater möglich wäre, wie es ohne ihn weitergehen und aussehen könnte, ob das für meine Mutter überhaupt noch ein Leben wäre, das Leben ohne ihn.

Sie kommt jeden Tag. Steigt aus dem Bus und geht durch den Höchster Bahnhof, durch die flirrende Hitze dieses Sommers, die nicht nachlassen will und sich jeden Morgen auf die Stadt legt, in all ihre Winkel und Fugen, sie geht vorbei an unseren alten Schulen, die Hospitalstraße hinab, in ihrer Tasche Äpfel, Orangen, kleine Säfte und gut verpackte Schokolade, die auf dem Weg trotzdem zu schmelzen beginnt. Ich komme, so oft ich kann. Mir reicht es, am Bett zu sitzen und zu warten, bis mein Vater seine Reserven mobilisiert und mit mir redet, etwas von seiner restlichen Kraft für zwei Sätze bündelt und sie für mich ausspricht. Mir genügt es zu sehen, er lebt, noch lebt er. Er atmet, noch atmet er. Er schaut uns an, noch schaut er uns an. Ich bringe die Kinder mit, wann immer es geht, sie setzen, legen sich zu ihrem Großvater, küssen und drücken ihn, tätscheln seine Wangen, seinen Bart, schmiegen die Köpfe an seine Schultern rechts und links, betrachten Kabel und Flaschen, Beschriftungen und Medikamentenfächer, Schläuche und Infusionen, spielen mit den Knöpfen, drücken auf Pfeile, fahren das Bett hoch und herab, wieder und wieder, das Kopfende, das Fußende, sie umgeben meinen Vater mit Geräusch und Bewegung, mit ihren unverändert fröhlichen, klaren Stimmen, mit der Essenz, dem natürlichen Lärm des Lebens.

Ich wünschte, ich könnte mit dem Sterben, dem Abbruch des Lebens leichter umgehen. Andere können es doch, oder? Und ständig geschieht es, überall auf der Welt. In jeder Ecke jeder Stadt, jedes Dorfs, jeder Straße, hinter jedem Zaun, jeder Tür, hinter jedem Fenster. Jedem geschieht es, jeder stirbt, und jeder verliert eines Tages seine Eltern. Es ist nichts Besonderes, uns allen widerfährt es. Wir werden geboren und sterben, wir verlieren jemanden ans Sterben, und eines Tages verliert uns jemand ans Sterben. Warum mache ich es zu etwas Herausragendem? Als würde es nur mir widerfahren? Wenn Eltern ihre Kinder begraben, ist es etwas, aber nicht umgekehrt. Es ist nur der Gang der Dinge, nicht mehr als ihr Lauf, ihre biologische Notwendigkeit, unser Lebens-Muss. Das versuche ich mir einzureden, in dieser ganzen unruhig bebenden Zeit versuche ich das schon. Weil diese Geschichte nur so erzählt werden kann, mit derselben Folge, demselben Ablauf, wir können die Kapitel nicht vertauschen, wir können sie nicht anders aufschreiben, nicht in freier Reihenfolge lesen, mit dieser Handlung, diesem Stoff sind Chronologie und Ende vorgegeben. Und doch, wenn uns diese Geschichte auswählt, wenn sie uns findet und zu Protagonisten macht, sind wir unvorbereitet, wissen wir nichts und können auf nichts zurückgreifen. Es zählt nicht, wenn andere das vor uns erlebt haben und wir daran teilhatten. Es zählt, dass wir es erleben. Nur wir erleben es so, nur wir erleben es auf unsere Art.

• • •

Wir wollen dankbar sein, haben wir uns in diesen zurückliegenden Monaten oft gesagt, haben diesen Satz aus einer Ecke unseres Gedächtnisses geholt, zu einem Bekenntnis geknüpft und auf unsere Zungen, unsere Lippen gelegt, dankbar für fünfundachtzig Jahre Leben, reiches Leben. Ohne Katastrophen, ohne Krankheit, die einen über Jahre kleinhämmert, geißelt und zermürbt. Wie eine Parole hatte es mein Vater ausgegeben, Parole Dankbarkeit, und ging mit gutem Beispiel voran, dennoch blieb es wie ein Befehl, den keiner so richtig ausführen wollte, dem sich jeder mit einer störrischen letzten Faser verweigerte, als verlangten wir damit zu viel von uns. Schließlich füllen wir unser Leben auf, stellen und packen es voll, richten uns mit größtem Aufwand in dieser Welt ein, zimmern uns ein Menschenleben aus vielerlei Schichten, mit gewaltigem Zubehör – und dann sollen wir es eines Tages hergeben, es soll enden, und wir sollen das einfach hinnehmen? Sehen wir es so, gibt es nichts Dümmeres, Unsinnigeres als den Tod, eher will man doch fragen, Gott, warum hast du uns diesen Tod überhaupt angetan? Also spüre ich Widerstand in mir, einen Rest an Unwillen, an Uneinsichtigkeit und Trotz, der immerzu hochklettert in mir und fragt, warum? Warum jetzt? Warum schon jetzt?

Auch im Nicht-Weinen habe ich mich geübt, ich habe gelernt, nicht zu weinen. Nicht zu viel, meine Tränen am Tisch meiner Eltern, auf ihrem Sofa, im Krankenhaus, im Gespräch mit Pflegern und Ärzten nicht einfach laufen zu lassen, sondern mich zu beherrschen, mein Gesicht zu wahren, es halbwegs unter Kontrolle zu halten, nicht zu viel preiszugeben – was mir wohl besser gelungen ist, als dankbar zu sein. Ich hatte meiner Mutter verboten zu weinen. Ja, regelrecht verboten. An dem Tag, als wir mit dem Rollstuhl vom Klinikum zurückgekehrt waren und sie sofort angefangen hatte zu weinen, als sie uns die Tür öffnete, hatte ich es ihr verboten. Mein Vater sollte nicht denken müssen, was richte ich an, warum bringe ich meine Frau, mein Kind zum Weinen, warum weinen sie wegen mir? Heimlich ja, hatte ich gesagt, heimlich ist es erlaubt, heimlich darfst du alles, wenn niemand da ist, wenn dich keiner sieht, im Wald, hinter dem Wald, hinter den letzten Gärten auf dem Feldweg darfst du weinen. Sie hielt sich daran. Vor meinem Vater hat sie nicht mehr geweint.

Und mein Vater weinte nach innen. Männer seiner Generation weinten nach innen, ungarische Männer seiner Generation weinten nur nach innen. Die Frauen weinten auch nach außen, das Weinen war den Frauen vorbehalten, das Weinen war für sie gemacht, den Frauen gehörte es, nicht den Männern. Meinen Vater haben wir nie weinen sehen. Nicht als sein Bruder starb, nicht als sein Vater, seine Mutter starb. Als sie beerdigt wurde und wir im Vámpalotaland über Schnee und Eis zum Friedhof hinausfuhren, hatte er uns um wenige Minuten gebeten, um allein zu sein. Wir gingen vor, und er blieb im Auto zurück. Als ich zurückschaute, hatte er seinen Blick gesenkt und knetete seine kalten Hände. Ich glaube nicht, dass er den Moment zum Weinen genutzt hat. Aber in diesem letzten halben Jahr hat mein Vater nach außen geweint. Er hat etwas wieder aufgenommen, von dem er sich als junger Mann verabschiedet haben musste, vielleicht schon als Jugendlicher, als Kind. Er ist dünnhäutig geworden in diesen letzten Monaten, anfällig, schutzlos, ohne Abwehr. Er hat während eines Konzerts meines Neffen geweint. Während mein Neffe Trompete spielte, hat mein Vater sich die Tränen weggewischt, und etwas lag darin, das ich nicht fassen und erklären konnte, als ich ihn von der Seite ansah, vielleicht nicht nur die Größe des Augenblicks, sondern die ganze Größe des Lebens und seine Angst, seine Qual, es hergeben zu müssen. Einmal hat er in der kleinen Warte-Ecke der ambulanten Onkologie geweint, an dem runden Tisch hinter dem Bücherregal, zwischen meiner Mutter und mir. Als er uns erzählt hat, wie im Behandlungszimmer während der Chemo-Infusion ein junger Mann neben ihm kollabierte und der Raum sich binnen Sekunden in eine Notaufnahme verwandelte. Krankheit und Tod waren ins Sichtbare explodiert. Meinem Vater hatte das einen Riesenschrecken eingejagt.

• • •

Mein Vater ist tapfer. Ich bin es nicht mehr. Meine Kräfte schwinden, täglich muss ich sie suchen, auftreiben, hochladen, entzünden. Mir ist übel, ich habe Kopfschmerzen, ich habe keinen Hunger, ich habe keinen Durst, ich bin ohne Schlaf und ohne Antrieb, obwohl ich ständig getrieben bin. Meine Tochter sagt, du bist so brüchig geworden. Die Trauer hat schon angefangen, die Vor-Trauer, die Trauer vor der Trauer. Jeden Morgen dieses Klinikum Höchst, immerzu dieses Klinikum Höchst. Wie oft bin ich über dieses Klinikgelände gegangen? Mit dieser verrückten Mixtur aus Angst und Hoffnung, aus Unwohlsein und Freude? Am Hubschrauberlandeplatz vorbei, an den verlorenen Geschöpfen, die rauchend vor der Psychiatrie stehen, in einer Art Zwischental, Laderampe zwischen Welt und Parallelwelt. Zwischen Kreißsaal und Sterbezimmer – da leben wir, da sind wir, da breitet sich unser Leben aus, da fächert es sich mit all seinen Notwendigkeiten auf, da hat es sein Vonbis. Und etwas von diesem Leben, etwas von seinem letzten Abschnitt muss hier, auf diesen Krankenhausfluren stattfinden, ich sehe das schon ein, ja, mittlerweile sehe ich es ein und begreife es.

Auf wie vielen Stationen war ich mit meinem Vater? Zu jeder Station habe ich ihn begleitet, ihn auf jeder Station besucht, ich kenne die Stockwerke, ich weiß, was sich hinter den Türen verbirgt, auf was die Menschen dort zusteuern und wie andere um sie bangen. Das Warten, das viele Warten haben wir geteilt. Die meiste Zeit im Krankenhaus verbringt man doch mit Warten, mit diesem unruhigen Gefühl, weil man nie weiß, was schlimmer ist, das Warten oder aber das Ende des Wartens. Auf den Gängen, vor der Blutabnahme, vor der Aushändigung der Röntgenbilder, der

MRT-Ergebnisse, bis zur Visite, vor den Zimmern und Schreibtischen der Ärzte, bevor sie dann eintreffen, die Tür hinter sich schließen und die wenigen Schritte zu ihrem Stuhl gehen. Und im Warteraum der Onkologie natürlich, dort haben wir viel Lebenszeit gelassen.

Klinikum Höchst – das ich hasse mittlerweile, das ich zu hassen gelernt habe. Am heftigsten hasse ich die Aufzüge, die nie bereitstehen, auf die man immer nur warten, übertrieben lange warten muss, während man auf die Anzeige mit den aufleuchtenden Zahlen starrt, drei lächerlich kleine, zitternde, schlotternde Aufzüge, als hätten sie Angst, die Patienten und Besucher altersmüde, mit letzter Kraft nach oben und unten zu tragen, Stockwerk für Stockwerk auszuspucken und zu verteilen. Noch einmal das garstige Gesicht einer Schwester, noch einmal der Unmut, mir zuzuhören und nach meinem Vater zu sehen, noch einmal der Unwille, mir Auskunft zu geben, uns zwei weitere Sekunden zu schenken, etwas für mich zu wiederholen, das ich nicht sofort erfasst und verstanden habe – und ich laufe Amok, reiße die Kabel aus den Wänden, trete die Tabletts vom Wagen, schlage auf die Pfleger ein, ohrfeige die Ärzte, schreie und brülle. Aber nein, nichts davon wird geschehen, ich nehme mich zurück, ich füge mich, natürlich füge ich mich, solange mein Verstand noch halbwegs zuverlässig in geordnete Bahnen fließt, solange er sich am Morgen noch anwerfen lässt und mir zuarbeitet, füge ich mich. Solange noch eine Kraftreserve unter meiner Haut, in meinen Blutflüssen, wo auch immer, von mir anzuzapfen ist, werde ich mich weiter fügen. Solange wir ein unbedeutendes, untergeordnetes Rädchen in diesem Klinikgetriebe sind, rollen und surren wir mit. Schon weil mein Vater, der geradezu unsinnig bescheiden ist, zu oft in letzter Zeit, wenn etwas schiefging, seine Hand auf meinen Arm gelegt und geflüstert hat, aber sag nichts, nicht, dass du jetzt etwas sagst.

Meistens habe ich mich daran gehalten. Solange sie meinen Vater versorgen, solange sie für ihn verantwortlich sind, schweige ich – kaufe im Supermarkt Malzbier und schneide zu Hause Obstsalat für ihn, Apfel, Birne, Melone, Orange, rote Trauben, packe die Krankenhaustasche, fahre über die Autobahn, stelle das Auto im Parkhaus ab, überquere die Straße, nehme den Aufzug zur Station und hoffe wie jeden Morgen auf seinen klaren Blick, auf ein Wort, zwei Wörter, einen Satz, den er für mich hat, ein Fünkchen Energie, mit dem er einen Satz für mich baut und ausspricht. Heute sage ich zum Abschied, ich werde morgen nicht kommen, ich bin im Tonstudio und nehme ein Hörbuch auf, draußen hat es über dreißig Grad und die Wälder verglühen, aber ich lese eine Weihnachtsgeschichte ein, Advent mit Schnee und Eis, und mein Vater lacht und erwidert, schön, nicht mehr als: schön, doch er legt so viel in dieses eine Wort. Er sagt mir damit, schön, was du machst, schön, wie du es machst, schön, dass ich weiß, womit du beschäftigt bist, schön, dass du es mir erzählst.

• • •

Eine Freundin durchleidet mit ihrem Vater in diesen Wochen das Gleiche, die gleichen Ängste, die gleichen Hoffnungen, die gleichen Entmutigungen, sie begleitet die Folge aus Schmerzen und Zusammenbrüchen, aus Krankenhaus, Todeserwartung, Todesgewissheit und Hospiz. Ihr Vater liegt hinter einer Glasscheibe, ihre Töchter stehen mit ihr davor, sie dürfen nicht zu ihm, sie hält das jüngste Enkelkind für ihn hoch. Es ist die Freude seines Tages, in diesem Augenblick geschieht etwas in seinem Gesicht, und sie kann es darin ablesen. Sie hat mich oft aus dem Auto angerufen, wenn sie zur Klinik gefahren ist, wir haben geweint und über unsere ständigen Kopfschmerzen geklagt. Sie hat gesagt, das kommt vom vielen Weinen. Ständig dieses Weinen, dauernd dieses Weinen – davon kommt es.

• • •

Sein glückliches Gesicht werde ich vermissen. Sonnenverbrannt, lachfaltenreich. Am anderen Ende der Welt, das er vor Jahren mit meinem Bruder und mir bereist hatte. Als er in Airlie Beach, seine Schuhe in den Händen, auf einem Schwimmer des Wasserflugzeugs gestanden hatte, mit dem wir gleich übers Riff starten wollten, und aufs Meer hinausschaute. Dieser eine Augenblick, in dem er sich zu uns drehte, mein Bruder auf den Auslöser drückte und dieses Foto entstand. Wenn mein Vater ein Talent besaß, dann sicher: Glück. Glück empfinden, Glück ausstrahlen. Glück konnte man von ihm lernen, in Sachen Glück, einfaches Glück ohne Aufwand, ohne Tand, konnte man bei ihm Lehrling werden, Unterricht nehmen. Auf Bali war Regenzeit, jeden Abend wateten wir mit gerafften Hosenbeinen durch riesige, schenkelhohe Pfützen zu einem Bretterverschlag mit launisch singendem Ventilator, wo man fangfrischen Fisch für uns grillte, während wir unsere Nasen in Bücher steckten, mein Vater in das »Hotel New Hampshire«, gerade hatte er angefangen, Iowa Bob und den Hund Kummer zu lieben. Fisch, Buch und Brandung – brauchte man etwas darüber hinaus?

Aber es sind nicht die besonderen, seltenen Tage oder Momente, die ich vermisse. Es ist der Alltag mit meinem Vater, den ich vermisse, das Alltägliche mit ihm, Telefonieren, Reden, Kaffeetrinken, im Garten auf den Abend warten. Die vielen Dinge des Alltags, die verschwinden werden und an deren Stelle nichts treten wird. Dieses sichere Ventil in Alltagsfragen, diese kleine Reservepackung, die er für uns hatte, die wir öffnen konnten und die immer verlässlich gefüllt war. Wenn ich fragte, räumst du mit mir die Bücherregale ab?, und er sofort erwiderte, klar, zum verabredeten Zeitpunkt pünktlich anklopfte, die Leiter aufstellte und stapelweise Bücher vom Staub befreite, sie neu ordnete und beim Zurückstellen sagte, wenn du willst, machen wir das ruhig öfter. Ein Nein habe ich von meinem Vater nie gehört. Ja, als Kind, als Heranwachsende natürlich viel Nein, manchmal zu viel Nein, wie ich damals fand, aber als Erwachsene nie mehr. Nach der Diagnose hatte ich zu ihm gesagt, dann will ich jetzt, dass wir uns so oft wie möglich sehen, und gesehen haben wir uns, so gut und so viel es ging, und gesehen habe ich, wie er weniger geworden ist, kleiner und weniger, wie die Krankheit nicht nur ihn, sondern unsere Dinge des Alltags auflöste und mitnahm, sie wegfraß und nichts anderes, keinen Ersatz, keine Tauschware, keinen Trost für uns bereitstellte.

• • •

Die Mitarbeiterin des Sozialdiensts hat sich angekündigt. Am Krankenbett meines Vaters sind wir verabredet. Die Luft ist stickig, es regnet in diesem Sommer nicht, der natürliche Kreislauf aus Regen, Verdunstung und wieder Regen ist aufgehoben, es gibt ihn nicht mehr. Die Zeit drängt an diesem heißen Augusttag, es ist Zeit, Entscheidungen zu fällen, am Abend das Telefon auf Lautsprecher zu stellen und zu dritt alles zu besprechen, zwei Stimmen aus Frankfurt, die sich mit einer Stimme aus Berlin mischen. Alles Neuland für mich. Alles zum ersten Mal. Alles noch nie so dagewesen. Ich gehe mit der Frau vom Sozialdienst auf den Gang hinaus, sie muss mir sagen, wie es weiterlaufen soll, sobald mein Vater die Klinik verlassen kann. Die Schreie aus der benachbarten Psychiatrie dringen über den Innenhof zu uns hoch, die verstörend lauten, wütenden, nicht enden wollenden Schimpftiraden eines aufgebrachten Patienten.

Sie schließt das Fenster und fasst den Ablauf für mich zusammen, erstens, Feststellung der Pflegestufe, zweitens, Bestellung des Pflegedienstes, drittens, Prüfung der Pflegestufe nach wenigen Wochen, viertens, Bestätigung der Pflegestufe oder aber neue Einstufung. Sie lässt viele Amts- und Verwaltungswörter fallen, wenn ich nachhake, sagt sie dasselbe noch einmal, genauso gut könnte sie von ihrer Sozialdienst-Broschüre ablesen, sie variiert es nicht, findet keine Umschreibungen, mit denen ich die Sache verstehen und erfassen könnte. Über den Hof dringen weiter Schreie und Beschimpfungen, abgefangen und gedämpft von geschlossenen Fenstern. Sie kann mir nicht sagen, was genau der Pflegedienst für uns tun könnte, welche Hilfe wir bekämen, sie will es nicht einmal ungefähr für mich entwerfen. Ich sage, für uns ist das neu, ich bin auf Ihre Erfahrung, Ihren Rat angewiesen. Was gibt es in dieser Pflegestufe? Zwei Minuten Pflegebesuch am Tag? Dann wäre meine Mutter 23 Stunden und 58 Minuten allein für meinen Vater verantwortlich, eine Achtzigjährige, die in jüngster Zeit viel von ihrer Kraft verloren hat. Oder sind es fünf Minuten, zwanzig Minuten? Und was kann in dieser Zeit getan werden? Wie hilft man uns, womit bleiben wir allein? Aber sie will das nicht mit mir durchdenken, nicht durchrechnen, mein Vater wird also nach Hause geschickt, und dann erst werden wir weitersehen, dann beginnt unsere Verhandlungsstrecke mit der Krankenkasse, das zähe Bitten um Hilfe, so wie ich es von Freunden kenne, die das mit ihren Eltern bereits durchlaufen, die es schon durchlitten haben.

Unter uns in der Psychiatrie wird lauter geschrien, jemand hat die Fenster wieder geöffnet. Auch mein Ton ist scharf geworden, vielleicht bringt mich das Schreien dazu, vielleicht stachelt es mich an und wiegelt mich auf, vielleicht hat es meinen geringen Widerstand gegen mich selbst aufgelöst, mein Vorhaben, meinen Plan, gefasst zu bleiben. So wie jetzt mit mir wird die Frau vom Sozialdienst Tag für Tag mit Angehörigen auf anderen Krankenhausfluren stehen und sich angewöhnt haben, ab einer bestimmten Tonlage die Ohren auszuschalten, eine bestimmte Frequenz einfach nicht mehr zu empfangen. Ich weiß, dass ich so nichts, überhaupt nichts erreiche, aber im Augenblick kann ich nicht anders, es ist die Hitze, die Anspannung, die Zukunft und meine Angst vor ihr, das unablässige Auf und Ab dieses Klinik- und Krankenalltags, das durch meine Adern hämmert, jetzt einen Ausgang gefunden hat und ausbricht. Sie bleibt ruhig und übergeht meinen Ton, gibt mir noch zwei ihrer Floskeln. Ich höre nicht mehr zu.

• • •

Die Zeit zu Hause ist für meinen Vater schwierig, Schmerztage, an denen jeder Schritt zur Tortur wird, jeder Schritt ein Hieb, ein Stich. Die Teppiche stören, die Ecken und Kanten der Wände und Schränke, die Türen mit ihren tückischen Griffen. Überall sind Hindernisse, vor jede Bewegung ist eine Hürde gebaut, jede Geste muss einen Widerstand überwinden. An Schlafen ist nicht mehr zu denken, die Nacht ist zerpflückt von Unterbrechungen, die Nacht ist kein Ort der Ruhe mehr, die Nacht ist ein Ort des Aushaltens und Überstehens. Ich besuche meinen Vater eine Woche lang nicht, etwas in mir hat auf Rückzug geschaltet, auf Selbstschutz oder Abwehr, etwas ist von mir abgefallen, weggefallen, hat sich abgelöst, ist nicht mehr zu erreichen, aber ich kann nichts dagegen tun, mir fällt nicht ein, was ich dagegen tun, was ich in mir selbst veranlassen könnte. Jeder Tag hat mir anscheinend Verstand geraubt, auf allen Krankenhausstationen muss ich Verstand eingebüßt, auf allen Fahrten dorthin und zurück Verstand verloren haben, die Reste hat die nicht nachlassende Hitze versengt, ja, vielleicht bin ich verrückt geworden, in diesem Taumel jetzt doch durchgedreht – das Ergebnis dieses halben Jahres, die logische Folge. Meinen Vater eine Woche lang nicht zu besuchen, kann schließlich nur geschehen, weil ich verrückt geworden, weil ich durchgedreht bin.

Denn eigentlich weiß ich, in unserer jetzigen Zeitrechnung ist eine Woche so lang wie sonst ein Jahr. Oder wie zehn Jahre. Deshalb war ich so gut wie täglich bei meinem Vater, weil ich das weiß. Weil ich das immer wusste. Ich selbst habe kaum stattgefunden in all diesen Monaten, mich hat es kaum gegeben. Aber jetzt lasse ich zu, dass sich die Zeit ohne mich vernichtet, dass sie vergeht und versickert, ohne dass ich eingreife. Ich lasse eine Woche verstreichen, ohne dass ich zu meinen Eltern fahre, mir in der Küche ein Glas Wasser nehme und mich zu ihnen aufs Sofa setze. Ich gebe sieben Tage aus der Hand, als seien sie wertlos, sieben mal vierundzwanzig Stunden, als seien sie zu nichts zu gebrauchen, als würden ausgerechnet wir über Zeit im Überfluss verfügen und könnten daher etwas von ihr weggeben, könnten sie einfach so, ungenutzt vorbeiziehen lassen – ohne Folgen. Ich besuche meinen Vater nicht, rufe nicht an. Nicht einmal den Hörer nehmen und Hallo sagen geht. Die Trauer setzt schon vor dem Sterben ein, das Sterben hat längst begonnen, es hat sich mit kleinen Pausen und milden Täuschungen durch die letzten Wochen und Monate gearbeitet. Aber wann genau, an welchem Tag, zu welcher Stunde fing es an?

Sonnenverwöhnter Sonntagmorgen in Frankfurt, die Vögel streiten im Garten um die besten Bäume, Eichhörnchen springen über die Mauern, ein Specht klopft. Der Himmel zeigt mit seinem weißen, diesigen Blau, wie heiß es heute werden wird. Die Ambulanz hat meinen Vater in die Notaufnahme gebracht. Meine Mutter hat sie gerufen, nachdem er gestürzt war und sie ihm nicht mehr hochhelfen konnte. Ich soll die Patientenverfügung bringen. Ich fahre über die sonntagleere Autobahn, parke, überquere die Straße, gehe über den Vorplatz und denke, hier, im Klinikum Höchst sind wir geboren, mein Bruder in der Geburtsstation im alten Kutscherhaus, ich schon im Neubau mit den inzwischen klappernden Aufzügen. Hier wird mein Vater vielleicht sterben. Jetzt, nach einer Woche des Schweigens, stehe ich wieder an seinem Krankenbett, wieder in der Onkologie, Station 7L, wieder mit Blick auf die Türme der

Höchster Altstadt im weiten Sommerhimmel. Er legt die Hand auf meinen Arm und sagt, du sollst nicht so oft kommen, komm nicht so oft. Seine Art, mir zu sagen, du hast genug getan, du kannst nicht mehr tun, seine Art, mir zu sagen, es ist in Ordnung, wie du es machst, genau so ist es in Ordnung, seine Art, mich freizusprechen und mir zu versichern, alles ist gut so, wie du es machst, alles ist gut so.

• • •

Als ich am Tag darauf sein Zimmer betrete, steht meine Mutter schon am Bett. Vor der anbrechenden Hitze hat sie den frühen Bus genommen, ist am Höchster Bahnhof ausgestiegen und ihren täglichen Weg zum Krankenhaus gegangen, den sie schon blind oder mit verbundenen Augen finden könnte, die Folge der Zäune, Tore, Baumreihen und Geschäfte, das Fiepen der Ampeln, die Geräusche der Autos, das alles würde reichen, um sie zu leiten. Meine Eltern, nunmehr über sechzig Jahre ein Paar, legen ihre Köpfe aneinander, Stirn an Stirn. Meine Mutter streicht mit den Händen über die Wangen meines Vaters, er kann die Arme nicht heben, um ihre Umarmung zu erwidern, er hat keine Kraft. In der Nacht hat ihn das Sehen verlassen, der Tumor ist weitergewandert, er macht keinen Halt, er braucht keine Pause, auch uns gönnt er keine mehr. Die größte Angst meines Vaters ist eingetroffen, er sieht nur Dunkelheit. Ob ich ihm einen anderen Platz besorgen könne, fragt er, es sei so dunkel hier. Aber das Zimmer ist sonnenlichthell, der neue Tag lässt sein hellstes Licht strömen, eigentlich sollte man die Blenden am Fenster herunterfahren, aber ich fahre sie hoch, fahre auch das Bett meines Vaters hoch, so dass er hinausschauen kann, mein Vater soll sehen, hinter diesem Fenster liegt ein großer leuchtender Sommertag, den er, wäre er gesund und beweglich, bis zum letzten Licht nutzen würde – aber er sieht ihn nicht. Ich sage trotzdem, es ist Sommer, es ist hell, es ist heiß, vor dir breitet sich ein heller, heißer Sommertag aus, wie du ihn liebst, wenn du aus dem Fenster schaust, siehst du ihn, schau nur mal zum Fenster.

Sechs Stockwerke weiter unten MRT, wir warten auf dem Gang. Die Ärztin sagt später, wir müssen nun entscheiden, wie es medizinisch weitergehen soll, ob noch behandelt wird oder nur noch palliativ. Ob weiter Chemo oder nicht, ob nach Hause oder ins Hospiz. Übersetzt heißt das für mich, ob mein Vater gleich sterben soll oder etwas verzögert. Ich muss das in mir, mit meinem Kopf verhandeln, ich muss entscheiden, lasse ich ihn sterben oder kann ich es noch nicht aushalten, wenn er stirbt, und verlängere lieber noch ein bisschen sein Leben, das schon nicht mehr als Leben stattfindet. Mein Vater kann das nicht mehr beantworten, und ich kann es nicht für ihn beantworten. Ich soll sagen, ja, gut, lassen wir ihn sterben? Hier und jetzt? Okay, in Ordnung, lassen wir die Chemo ab sofort weg und übergeben ihn dem Tod? Ich soll das denken und aussprechen? Mein Mund soll das sagen?

Ich rede mit der Frau vom Sozialdienst, zum ersten Mal in Ruhe, ohne Aufregung, ohne Habachtstellung. Sie würde sich um einen Platz im Hospiz kümmern, sollten wir das wünschen, und dann sagt sie diesen einen Satz, der zu den hilfreichen Sätzen, zu meinen Schlüsselsätzen in diesem Sterbejahr gehört: Die Ärzte geben Chemo bis zum letzten Tag, wenn Sie das wollen. Sofort kommt mir das verrückt, haarsträubend verrückt vor, aber genauso abwegig und fern ist, meinen Vater in ein Hospiz bringen zu lassen, an einen Ort fürs Sterben. Einen Ort, an dem nur gestorben wird, der fürs Sterben eingerichtet ist, der mit dem Sterben eins, ein und dasselbe ist, an dem jede Aussicht auf Leben aufgehoben, sofort vernichtet wird. Hospiz?, fragt meine Mutter, aber dort stirbt man doch nur. Ja, auch diese letzte kleine Selbsttäuschung, es könnte noch einen Weg zurück ins Leben geben, wäre dann vorbei. Es hieße, meinen Vater dem Tod zu überreichen, ihn sogleich, ohne weitere Verzögerung dafür anzumelden, jetzt, in diesem Augenblick aufzugeben und das Feld dem Tod zu überlassen. Ihm nichts mehr entgegenzusetzen, nichts weiter gegen ihn in der Hand zu halten, alle Trümpfe verloren, auch die letzte Karte ausgespielt zu haben. Ich rufe meinen Bruder an und sage, du musst kommen und dir ein Bild machen, ich kann das nicht allein entscheiden. Er fragt, wie sollen wir das entscheiden, die Ärztin muss es uns sagen. Sie sagt es uns aber nicht, erwidere ich, wir müssen es entscheiden, es sind unsere Namen, die in der Patientenverfügung stehen, wir haben unterschrieben.

Abends sitze ich bei Freunden, wir suchen nach Antworten, meine Not sitzt mit am Tisch, zwischen unseren Tellern und Gläsern, wie so oft in diesem Jahr an diesem Tisch, ich habe sie zu meinen Freunden gebracht, von der Stadt in den Taunus, und hoffe, sie lösen sie auf, irgendetwas fällt ihnen ein. Alles in mir wehrt sich, meinen Vater aufzugeben, sein Todesurteil zu unterschreiben. Auch wenn alle am Tisch wissen, es ist nicht abwendbar, wie immer ich entscheide, abwendbar ist es nicht. Keiner wagt es auszusprechen, keiner wagt eine Empfehlung, keiner von uns kann die Frage jetzt beantworten: Hospiz oder Chemo? Sterben sofort oder später?

• • •

Der Anruf kommt in der Nacht. Jede Nacht seit Anfang des Jahres hatte ich mit ihm gerechnet, hatte mich am Abend ins Bett gelegt, das Licht ausgemacht und gedacht, heute Nacht wird dieser Anruf kommen, heute Nacht muss ich mit ihm rechnen, heute muss ich vorbereitet sein, in der Nacht wird das Telefon klingeln, und während die anderen weiterschlafen, werde ich die Decke zurückschlagen, mein Haar aus dem Gesicht streichen, aufstehen und nach dem Hörer greifen, um diese Nachricht entgegenzunehmen. Komischerweise dachte ich nie, dieser Anruf kommt am Tag. Vielleicht weil ich den Tag unter Kontrolle hatte. Oder glaubte, ihn unter Kontrolle zu haben. Am Tag ist es hell, am Tag funktioniert mein Verstand meist mühelos, nachts muss ich ihn erst anwerfen, nachts muss mein Kopf erst seinen Weg ins Reden finden, nachts muss ich mich erst sammeln und orientieren. Tags bin ich orientiert. In der Nacht ist mein Vater gestorben. In einer Nacht dieses übertrieben heißen, regenlosen Jahrhundertsommers, der uns vom Ende der Welt eine vage Vorstellung gegeben, Erde und Felder ausgedörrt und in Staub verwandelt hat, in braungelb dämmernde Wüsten. Als niemand bei ihm war. Allein, in seiner Dunkelheit. Mein Vater ist ohne Zeugen gestorben. Tags hatte er immer Gesellschaft, aber er hat sich die Nacht ausgesucht. Oder die Nacht hat ihn ausgesucht, der Tumor hat die Nacht ausgesucht, um auch sein Atmen auszuschalten. Um ihn auf Null zu stellen, alles in ihm stillzulegen.

Die Ärztin hat ihn so bei ihrem nächtlichen Rundgang entdeckt. Zu meiner Mutter wird sie später sagen, friedlich habe er ausgesehen. Viele haben mir erzählt, die Sterbenden suchen sich ein kleines Zeitfenster, in dem sie dann gehen, durch das sie ungehindert schlüpfen können. Solange jemand bei ihnen sitzt, gehen sie nicht. Solange eine Hand auf ihrer Hand liegt, solange jemand zu ihnen redet und sich mit ihnen verbindet, bleiben sie, halten sie fest. Vielleicht habe ich meinen Vater deshalb so häufig besucht, vielleicht hat es in mir deshalb diese Unruhe entfacht, wenn ich nicht in seiner Nähe sein konnte, vielleicht hatte ich deshalb den Drang, oft bei ihm zu sein. Um auch das kontrollieren zu können, es nicht zu versäumen: sein Gehen. Vielleicht ist das alles bloß Unsinn, die Krankheit lässt uns doch keine Freiheiten, keinen Hauch von Selbstbestimmtheit, die Krankheit bestimmt das Gehen, die Krankheit entscheidet über den Tag und die Uhrzeit, nicht der Kranke und schon gar nicht die, die ihn umgeben. Ich sitze auf meinem Sofa in unserer nachtdunklen stillen Wohnung, in der nur der Kühlschrank ein Geräusch macht, und während wir reden, während die Ärztin mir am Telefon erklärt, wie es geschehen ist, dass der Tumor so schnell und endgültig übernommen hat, fange ich an zu weinen und entschuldige mich in der nächsten Sekunde schon dafür. Später denke ich, was für ein schrecklicher Beruf, was für eine schreckliche Aufgabe, Menschen nachts aus den Betten zu holen, um ihnen das zu sagen.

Sechs Stunden bleiben uns, bis wir endgültig Abschied nehmen müssen. Ja, endgültig. Für immer. Bis der Leichnam weggebracht wird. Von den Lebenden entfernt, vom Kreis der Lebenden getrennt, von der Welt der Lebenden abgezogen. Wieder wird es ein heißer Tag, deshalb sind mehr als sechs Stunden undenkbar. Der tote Körper beginnt mit dem Zerfall, die hohen Temperaturen arbeiten ihm zu. Sechs Stunden, die erstaunlich schnell vergehen werden, obwohl von außen betrachtet nichts geschieht. Nur das Abschiednehmen, und dafür reicht uns keine messbare Zeit. Ich rufe meinen Bruder an, morgens um vier klingelt in Berlin-Wilmersdorf das Telefon. Er sagt, ich soll sicherstellen, dass sie unseren Vater nicht wegbringen, mindestens vier Stunden braucht er mit dem Auto, auch jetzt, um diese Uhrzeit, ab sieben startet der Berufsverkehr, wo immer er dann gerade ist, Leipzig, Jena, Erfurt.

Ich gehe hinaus auf die Terrasse, der Morgen kündigt sich schon an und schiebt über die Dächer der Stadt seine glutrote frühe Sonne, seinen Himmel in Rot, seine aneinandergeschmiegten, ineinandergeflochtenen roten Streifen von Pastell bis Purpur. Komisch, den Tod hatte ich die ganze Zeit bekämpft, immer nur bekämpft, ich hatte alles darangesetzt, ihn zurückzudrängen, auszutricksen und abzuhängen, aber jetzt nehme ich ihn hin und übergebe alles weitere ihm, ich bin entlassen, es ist vorbei. Ich begreife den Unterschied, den es macht, am ersten oder am letzten Tag der Krankheit zu gehen. Sie bis zum Ende durchleben zu müssen oder schon vorher aufhören zu dürfen. Ich glaube, mein Vater ist am fünften Tag seiner Krankheit gegangen, so ist mein Gefühl. Ich setze mich auf die Bank, hülle mich in eine Decke und fahre mit meinen Blicken den Himmel ab, folge den Wolkenspuren seiner Endlosigkeit. Alles ist da, alles ist unverändert. Die Bäume stehen still, das Gras ist nach diesem Sommer vertrocknet und braun. Ein Vogel singt übertrieben laut für mich.

• • •

Ein gutes Ende? Doch, jetzt da es gekommen ist und geschieht, ist es nicht so schlimm, wir haben uns vorbereitet, wir haben darauf warten können, wir wussten, es würde geschehen. Auch wenn mein Traumkopf, mein Sehnsuchtskopf gehofft hatte, es würde nicht kommen, mein Vater könnte weiter leben und sehen, wie seine Enkel groß werden, eines Tages ihre erwachsenen Gesichter anschauen, ihre erwachsenen Worte hören, ihren erwachsenen Sätzen und Gedanken folgen. Ein Wunder könnte geschehen, so etwas wie eine Spontanheilung könnte das Schicksal für uns bereithalten, einmal unter einer Million gibt es das doch, warum also nicht bei uns?

Ich trinke meinen Kaffee und hole meine Mutter ab. Zum letzten Mal Höchster Krankenhaus. Wenigstens müssen wir das nicht mehr, sage ich, nie mehr Höchster Krankenhaus. Wir sind verabredet, wir fahren zu unserer letzten Verabredung, zu unserem letzten Treffen. Wir brauchen dieses Bild, um das Ende nicht nur zu denken, wir müssen es auch sehen, wir müssen mit eigenen Augen sehen, es ist gekommen, es ist da. Niemand hätte mir das zu sagen brauchen, aber alle haben es mir gesagt. Eine Freundin hat mich beschworen, dieses letzte Bild nicht zu verpassen, es ja nicht auszulassen, es in jedem Fall zu betrachten. Sie hatte keines, die Ärzte hatten ihr davon abgeraten, als ihr Bruder sich das Leben genommen hatte und sein Gesicht nicht mehr sein Gesicht, sein Körper nicht mehr sein Körper war, sie hatte darauf verzichtet und später nie aufgehört, es zu bereuen, sie bereut es noch heute. Wir müssen diesen Schritt gehen, wir müssen sehen, es ist wirklich geschehen, es stimmt, es ist die Wahrheit, wir können sie sehen und anfassen, nur so bringen wir diese Erzählung für uns selbst zu einem Ende, nur so haben wir auch das Schlussbild, den Schlussakkord.

Am Ende des Ganges der Station Onkologie 7L liegt das Totenzimmer, hinter der letzten Tür auf der linken Seite. Hier auf diesem Gang hatte ich vor einem halben Jahr, kurz nach der Diagnose, mein Gebet geflüstert, hatte gebetet, es an einem anderen Ort geschehen zu lassen, einen anderen Ort zu wählen, es nicht hier enden zu lassen, nicht so. Ich muss mich überwinden, die Tür zu öffnen, ich halte erst Abstand, werfe dann schnell einen Blick auf die andere Seite dieses hellen Zimmers, ich will für mich einschätzen, ob ich das aushalten kann, und entscheide sofort, ich kann, ja, ich kann es aushalten. Unsere letzten gemeinsamen Stunden sind da, sind angebrochen, jetzt vergehen sie, jetzt fangen sie an zu vergehen, auch wenn das Leben diesen Raum schon verlassen hat, Stimme und Bewegung bereits verschwunden sind. Vor dem staubigen Fenster liegt der Frankfurter Westen, die Höchster Altstadt, dahinter ein Himmel aus Industriedunst und Flughafen, noch ein Stück weiter der Odenwald. Soeben hat hinter dieser Glasscheibe der Morgen mit seinem Lärmen und Treiben begonnen, auf der anderen Seite nimmt der Tag schon Fahrt auf. Für alle Menschen, die dort unten zwischen Häusern und Straßen irgendeiner Sache nachgehen, irgendeine Sache ihres Lebens voranbringen und beschleunigen, hat der Tag soeben begonnen.

Wir streicheln meinem Vater die Wangen, jeder eine Wange, zu beiden Seiten stehen wir, ich lege meine Hände auf seine kalte Brust, meine Hände glühen an diesem heißen Morgen, ich wärme ihn, obwohl ich weiß, dies ist nur noch sein toter Körper, obwohl ich glaube, der Rest ist schon weitergewandert, aber sicher noch in unserer Nähe. Sein Ohrläppchen ist weich, es ist nicht kalt, es bindet einen Rest Leben, auch sein Haar, seine Strähne hinter dem Ohr, fühlt sich nach Leben an. Das ist noch sein Duft an seinem Ohr, in seinem Haar, ob ich eine Strähne abschneide? Mein Handy klingelt, es ist der Freund, der in der Nacht übers Hospiz nachgedacht hat, er will mir die Angst nehmen, er hat mit jemandem gesprochen, einer ehemaligen Pflegedienstleiterin, und ruft jetzt an, um mir zu sagen, hab keine Angst, bitte, du musst keine Angst davor haben. Wir müssen es nicht mehr entscheiden, erwidere ich, mein Vater ist heute Nacht gestorben. Sofort macht er sich auf den Weg, fährt vom Taunus hinab ins Höchster Klinikum, meinen Vater kennt er seit Kindertagen, mein Vater war ein roter Faden auch in seinem Leben. Wenig später klopft er an, sogar an diesem Ort läuft die Zeit also weiter, er durchschreitet den Raum ohne Zögern, ohne Scheu, umarmt uns und teilt mit uns diesen Todesort, dieses Totenzimmer auf dem Stockwerk des Sterbens, diese Vorstufe zum Jenseits, jedenfalls in meinem Kopf, in meiner Vorstellung, die letzte Station vor diesem Himmel, der sich vor dem Fenster sommerheißblau nach Süden ausstreckt.

Die Ärztin kommt und spricht ihr Beileid aus, meine Mutter zieht eine Schwarzweißfotografie meines Vaters aus einem Lederetui, das sie immer in der Handtasche hat. So wie sie ihn kennenlernte. Hübsch, sagt die Ärztin, hübsch. Ja, und jung, sagt meine Mutter, so jung kannten wir uns schon, sechzig Jahre jetzt. Ich lege meinen Kopf neben seinen, so liege ich ein bisschen neben meinem Vater, Schulter an Schulter, die letzte Nähe, das letzte Mal. Seine Nase hat sich schon verändert, ist weniger und spitzer geworden, das

Weiche hat schon begonnen, sich aus seinen Zügen zu entfernen, das hippokratische Gesicht will sich durchsetzen: spitze Nase, die Augen tief in den Höhlen. Ich halte mich an dem fest, was bislang unverändert ist: sein Haar, seine Haut. Ja, komischerweise seine Haut, dieses Gebilde aus Viel-draußen-Sein, aus Immerzu-draußen-Sein, aus Sonne, Wetter und Wind. Muttermale, Leberflecke, Falten. Lebenslinien, Spuren einer Biographie. Die Haut meines Vaters.

• • •

Unvorstellbar, dass es mir leichtfällt. Leichtfallen ist das falsche Wort – dass ich es überhaupt hinkriege, dass ich hier bleibe, nicht plötzlich aufstehe und davonlaufe. Wir sitzen beim Bestatter, meine Mutter zwischen meinem Bruder und mir, vom Krankenhaus sind wir hierhergefahren, nachdem wir uns für immer von unserem Vater verabschiedet hatten, irgendwann unseren Kopf hoben, uns aufrichteten, unsere Hände zurücknahmen, ihn endgültig loslassen und freigeben, uns wegdrehen und diesen letzten Schritt durch die Tür gehen mussten. Geschäftsräume, an denen man sonst nur vorbeifährt, vorbeigeht, die einem zwar auffallen, von denen man weiß, aber zu denen man in einer Art Abwehr den Blick scheut. Ein Ort, der im Alltag keine Rolle spielt, nie muss man dorthin, um etwas zu besorgen, fürs Leben braucht man nichts davon. Ein Geschäft, das man sonst nie betritt, das man nicht kennt, in dem man sich auch nicht unnötig lange aufhalten mag, man will diese Dinge nur hinter sich bringen. Und doch ist es ein Geschäft – ein Raum mit zwei großen Schreibtischen, in dem es wenig zu sehen gibt, in der Vitrine eine Auswahl an Urnen, in den Ordnern Fotos von Blumengestecken. Alle anderen Geschäfte künden vom Leben, man kauft Dinge fürs Leben, man kauft Dinge, um mit ihnen zu leben, um sie im Leben zu nutzen, sich im Leben mit ihnen zu umgeben, nur hier kauft man etwas für den Tod. Man betritt dieses Geschäft am Tag des Todes, man öffnet seine Tür an diesem Tag, und schließt man sie später, trägt man keine Kiste, keinen Karton, hält keine Tüte in der Hand, keine Einkaufstasche. Man nimmt nichts mit.

Ich kann nicht glauben, dass ich auf eine Steinplatte deute, auf eine Schriftart zeige, dass ich in der Lage bin, eine Steinplatte und eine Schriftart für den Namen meines Vaters auszusuchen. Es geht schnell, es fällt uns nicht schwer, ich muss nicht weinen und kann klar denken, verrückterweise kann ich jetzt klar denken und entscheiden, welche Farbe, welche Oberfläche der Stein, welchen Schwung, welche Form die Schrift hat. Mein Vater wollte keine Würmer im Leib, er wollte verbrannt werden. Er wollte keinen schweren Stein auf seinem Grab, deshalb wird es eine kleine Platte, nur für seinen Namen und die Jahreszahlen für Geburt und Tod, die Klammern seines Lebens. Ein Rest schlechten Gewissens bleibt, bei dem er uns nicht mehr ertappen wird, mit dem wir nicht mehr auffliegen können. Ein ungutes Gefühl, weil wir ihn festhalten und bei uns, in unserer Nähe bestatten werden. Weil wir ihn nicht hergeben.

Meine Pastorenfreundin beruhigt mich später am Telefon, sie sagt, die Hinterbliebenen entscheiden. Wer bleibt, entscheidet. Ich frage nicht, meinst du es wirklich so, oder sagst du es nur mir zuliebe, um meine Bedenken aufzulösen? Wer auf Erden bleibt, muss entscheiden dürfen, fährt sie fort, und wiederholt für mich: Wer bleibt, entscheidet. Wie sollte das auch gehen, ihn in seinem Dorf in Ungarn zu bestatten? Für jedes Treffen, jede Idee von Begegnung zwölf Stunden, einen Tag, tausend Kilometer fahren müssen? In den nächsten Monaten wird mir dieser Gedanke noch unvorstellbarer erscheinen, wenn meine Mutter jeden Tag zum Friedhof hinausgehen wird, wenn sie keinen anderen Weg, nur diesem unbeirrt folgen kann, wenn es zum Fixpunkt, zum Halt ihres Tages werden wird, in dem es kahl geworden ist. Hätte er ihr das wirklich nehmen wollen?

• • •

Ich dachte immer, die Menschen sterben zwischen November und Januar, nachdem die Sonne sich verabschiedet hat, die Temperaturen fallen und es dunkel wird. Winter heißt Tod, nicht Sommer. Sommer heißt Leben. Aber sie sterben verrückterweise auch im Sommer, sogar an heißen, hellen, unschuldigen, makellosen Tagen sterben sie. Der Tod ist launenhaft, jederzeit muss man mit ihm rechnen. Viele versuchen jetzt, meinen Schmerz abzutragen, ihn zu lindern, etwas von ihm zu schultern. Alle nehmen Anteil, bieten Hilfe an, fühlen mit, leiden mit, trauern mit mir. Ich spüre eine Woge an Solidarität, wie ich sie zum letzten Mal erfahren habe, als mein erstes Kind geboren wurde und jeder vorbeischauen und teilhaben wollte, um etwas von diesem Glück abzubekommen oder etwas beizusteuern. Geburt und Tod – Größeres widerfährt uns nicht, auch wenn es geradezu banal ist, weil schließlich jedes Leben beginnt und jedes Leben endet, es gibt keinen Spielraum, in dem wir verhandeln könnten, nur diese Übereinstimmung von Größe gibt es. Wer diesen Verlust schon erlebt hat, weiß, wie es sich anfühlt, wer ihn noch nicht durchlitten hat, spürt die Angst, ihn bald durchleiden zu müssen. Die einen wissen, wie es ist, die anderen ahnen, wie es sein könnte, und fürchten sich. Im Umfeld meiner Kinder verschwinden überall die Großeltern im Jahr dieses gewaltigen, übertriebenen Sommers, die Kinder sind nicht allein damit. Wir haben sie später bekommen als die Generation vor uns, also verlieren sie ihre Großeltern schon als Teenager.

Als ich einem Kreis von Freunden im Januar eröffnet hatte, der Krebs ist zurück, bei meinem Vater ist der Krebs zurück, gab es einen langen Moment der Stille, ein nicht hörbares, aber spürbares Schlucken, am lärmenden, lauten Tisch hielt abrupt die Stille Einzug, die Vorboten des Todes legten den Lärm des Lebens sofort lahm. Weil wir Krebs mit Tod übersetzen. Mit Sterben. Irgendwann hat sich diese Bedeutung eingebrannt, wir haben keine andere Übersetzung für dieses Wort, seine fünf Buchstaben, es kennt keinen anderen Sinn, es hat nur dieses eine Synonym, Krebs heißt in unserem Wörterbuch Tod, Krebs heißt Sterben, Krebs hat keinen weiteren Inhalt, lässt keinen gedanklichen Spielraum, lässt sich nicht umdeuten, nicht kleindenken, es lässt nichts anderes zu.

• • •

Wir sitzen im Wohnzimmer meiner Eltern – oder wie sage ich es jetzt, im Wohnzimmer meiner Mutter? Wir gehen ihre Adressbücher durch, teilen die früheren Kollegen, die Verwandten und Freunde, Csöpi, Zoli, Teruska und wie sie alle heißen, teilen die Länder und Städte unter uns auf. Die Ungarn haben sich nach 1956 über die Welt verteilt, Australien, Nordamerika, Europa Nord und West, mein Bruder übernimmt Ungarn, also das Dorf, Budapest und das Vámpalotaland, meine Mutter Holland, USA und Australien, also Amsterdam, Los Angeles und Melbourne, ich übernehme Kanada, Englisch fällt mir leichter als Ungarisch. Mein Onkel war in den 1970er Jahren von London nach Kanada ausgewandert, meinen Vater hatte er überzeugen wollen, mit ihm zu gehen, aber ihm war das Wagnis zu groß gewesen, er scheute den langen Weg, vielleicht auch den eisigen kanadischen Winter, mein Vater war ein Sommermensch, ein Sonnenmensch, ein Lichtmensch, ein Hitzemensch, ab vierundzwanzig Grad begann er zu leben, bei dreißig Grad setzte er sich in die Sonne, während die anderen im Schatten verschwanden. Die Ferne zu Europa, zu Ungarn war ihm unheimlich, die Vorstellung fand er beklemmend, den Abstand zu seiner Mutter, die ihre Söhne an den Lauf der Geschichte, ihren Mann wenig später an die Krankheit verloren hatte, noch einmal zu vergrößern. Die Distanz zwischen Deutschland und Ungarn war ihm groß genug.

Spät abends rufe ich meine Verwandten in Kanada an, ich zähle sechs Stunden zurück, bei ihnen ist Nachmittag. Irgendwo hinter Toronto klingelt es in einem Siebziger-Jahre-Bungalow, der mir noch immer vertraut ist, den ich in Gedanken noch immer sehen kann, obwohl es lange her ist, dass ich dort war. Ich kenne die breite ruhige Straße mit den sich weich anschmiegenden, dahingegossenen Gärten und gigantischen Baumkronen, den gepflasterten Weg zum Haus, das Moskitonetz vor dem Eingang, das man erst lösen muss, bevor man die Tür öffnet, die maisgelbe Küche, die Zimmer mit den großzügigen Betten in der Mitte, die bunten Tagesdecken und vielen Kissen, den Blick hinaus ins Grün, auf Ahorn und Zedern. Als Mädchen bin ich dort in kurzen heißen Sommern in den Pool gesprungen. Menschen, die ich mag. Die denselben Namen tragen. Sie haben ihre Trauer vor einem Jahr durchlitten, mein Onkel ist ein Jahr älter als mein Vater gewesen und im Jahr zuvor gestorben. Die Brüder haben dasselbe Alter erreicht.

Mein Cousin hebt ab, ich eröffne mit, this is Zsuzsi, calling from Germany, I'm afraid I have some sad news for you. Erst stocke ich, aber dann reden wir lange, wir haben Zeit und wandern vom Weinen zum Lachen, von Moll zu Dur, von Trauer zu Freude. Er bringt mich zum Lachen, erzählt mir Vergangenheit, von unseren gemeinsam verbrachten Sommern in Europa, unserer Route Deutschland-Ungarn-Italien, wenn die Bánk-Verwandtschaft im Vámpalotaland hinter Budapest, irgendwo zwischen Gyöngyös und Hatvan, zusammengerufen wurde, damit wir uns alle treffen konnten, wenn die bunte Bánk-Familie das weit gespannte, lange Band zwischen Ungarn und Kanada kurzzeitig zusammensurren ließ, an diesen seltenen, kostbaren, immer heißen Tagen, die in ein lautes Wirrwarr aus Stimmen und Sprachen gegossen waren. Nein, geregnet hat es an diesen Tagen nie.

Wir schweben in unserer Kindheitskapsel, denken uns zurück in die kanadischen Sommer, zu unseren Kanufahrten im Algonquin Park, unserem Campingglück unter Bären, die uns nachts besuchten, weil wir heimlich etwas Essbares draußen gelassen hatten, um sie anzulocken. Wir bestücken unser Erinnerungsmosaik, abwechselnd legen wir Teilchen an, es fällt nicht schwer, wir müssen nicht lange suchen. Wir lachen über uns, wie schlimm wir als Kinder waren, uns immerzu prügelten, wie er mich und seine Schwester nach einem Streit weit draußen im See zurückließ und in seiner Wut mit dem Kanu allein zurückpaddelte. We could have died!, hatten wir uns bei den Eltern entrüstet. Später sind wir milder geworden, als Erwachsene waren wir friedlich und haben immer unter Tränen Abschied genommen, es ging nicht anders. Wir hätten uns gewünscht, in derselben Stadt zu leben, im selben Land oder wenigstens auf demselben Kontinent. Wenn mein Taxi kam, das mich zum Flughafen brachte, wenn es um die Ecke bog, begann meine Cousine schon zu weinen, und bevor es abfuhr, hielten wir uns durchs heruntergelassene Fenster für einen letzten Moment fest an den Händen.

Wir reden über den kanadischen Schnee, über die Zuverlässigkeit, mit der er noch fällt, übers Skifahren, über den langen, schneereichen Winter und seine Ausflüge nach North Kawartha, er packt oft die Skier ein und gleitet dann über die verlässlich schneebedeckten Hänge. Es fällt mir leicht, es ist einfach, über Wetter und Winter zu reden, über einen Ort, der weit entfernt ist, über etwas wie Schnee, der hell und weiß ist, nicht immer nur über Tod und Krankheit, die Düsternis und Unruhe der letzten Monate. Wir reden lange, wir wechseln die Tonlagen und Themen, wir halten etwas fest, das mir entrinnen will, aber es ist nicht schwer, es tut gerade nicht weh. Wir sprechen über unsere Familien, unsere Kinder, über all die Dinge, die wir sonst so tun, mit denen wir sonst vom Morgen bis zum Abend unser Leben bestücken, unser ganz normales Leben, wie es sich sonst abspielt und abspult, unser Leben, wenn wir nicht trauern.

Später schreibt mir seine Schwester. Your father was a good man. A really good man. I always wished he was my father. He seemed so fun and enjoyed spending time with you. You and your brother seemed to adore him. My father was the strict one and always made us work so hard. I was a very resentful child. But I loved your family, you all seemed like you had a good time together. I remember Italy, eating meals together, driving in the car, short bathing suits, eating garlic because it was good for the blood. He was so protective, your father. He is gone, but not forgotten. He was well loved. I can still see and hear your father speaking to me.

• • •

Ob er schon verbrannt ist?, fragt meine Mutter mit Blick auf die Uhr und bricht in Tränen aus. Heute ist der Tag, heute soll es geschehen. Solange es seinen Körper gab, wenn auch ausgelagert in einem Krematorium außerhalb der Stadt, war mein Vater auf eine Weise noch da, er war bei uns, mit uns, jedenfalls in unserer Nähe. Wir konnten vorgeben, es ist noch nicht vorbei, etwas verbindet uns noch, sein Körper bezeugt noch sein Leben, auch wenn es hinter ihm liegt. Nun gibt es auf Erden fast nichts mehr von ihm. Er ist: nicht mehr auf Erden. Sein Lieblingsanzug wird mit ihm verbrannt, mein Vater geht in Dunkelblau mit feinen Streifen aus dieser Welt. Nach all den Wochen im Krankenhaushemd hatte ich darauf bestanden, dass er seine eigene Kleidung trägt, kein Totenhemd vom Bestatter, keinen fremden Stoff mehr. Aber ich wollte nicht zur Einäscherung, nicht vor dem Krematorium sitzen und warten, bis es getan wäre. Ich wollte nicht bezeugen müssen, wie sein Körper vernichtet und alles, was meinen Vater sichtbar und fühlbar gemacht hatte, zu Asche wird. Seine Körpervernichtung – die hatte ich in letzter Zeit ausreichend bezeugt.

Ich leere meine Geldbörse, nehme die vielen Zettel und Kärtchen heraus. Von jeder Klinik, jeder Station eine Nummer, die Namen der Ärzte und Pfleger. Kärtchen vom Krankenhaus Eisenstadt, wo das Pflegepersonal Ungarisch sprach, vom Krankenhaus Hainburg, wo das Pflegepersonal Slowakisch sprach, vom Krankenhaus Mistelbach, wo das Pflegepersonal Tschechisch sprach, vom Klinikum Höchst, wo das Pflegepersonal viele Sprachen dieser Welt spricht. Onkologie, Chirurgie, Anästhesiologie und Intensivmedizin, Altersmedizin, Tagesklinik, wieder Onkologie – das war die Reihenfolge, dann Sozialdienst, jetzt Bestatter. Aufs Telefon waren wir ja angewiesen, darauf dass man uns in Österreich am Telefon Auskunft gab, mit dem Passwort, das mein Vater für jede Klinik hatte festlegen müssen und nach dem wir gefragt wurden, wenn wir wissen wollten, wie es ihm ging und was sie mit ihm vorhatten. Ilona war unser Telefon-Passwort gewesen, das erste Wort, der erste Name, der meinem Vater einfiel, der immer präsent war, der schon auf seinen Lippen bereitlag, nach dem er nicht suchen musste, über den er nicht nachzudenken brauchte, der Name meiner Mutter, seine natürliche Buchstabenfolge, sein innerer Code.

Mir fällt der garstige Arzt in Hainburg ein, bei dem ich mich beklagt hatte, weil es trotz Ilona-Passwort schwer gewesen war, am Telefon Auskunft zu bekommen, mich wartend und fragend an meinen Vater heranzutasten, und der keinerlei Verständnis aufbrachte, sondern mir ungehalten, in scharfem Ton sagte, die Angehörigen sollten es sich nicht zu leicht machen, sie sollten lieber vorbeischauen, anstatt immer nur zu telefonieren. Er hatte keine Ahnung von meinen dreitausend Kilometern, die ich in mein Fahrtenbuch geschrieben hatte, keinen Schimmer von unserem weit auseinanderstrebenden Koordinatensystem Berlin, Frankfurt, Balaton und dem Dorf mit Paradiesgarten, von meinem ständigen Unterwegssein über Landstraßen und Autobahnen, meinen Vignettenkäufen, meinem Sprachdurcheinander, von meinen Irrläufen in Sorge und Panik, verteilt auf Nacht und Tag, auf Hunderte von Kilometern, aber er hätte es sich denken können. Als jemand, der ständig zwischen Krankenbetten, auf Krankenhausfluren unter Angehörigen auf und ab geht, hätte er sich das einfach denken können.

• • •

Ich fand immer schon, dass Menschen unter ihrer Trauer anders aussehen, sie werden zerbrechlich und fein. Worunter sie sich sonst verstecken, fällt mit einem Mal weg, sie gehen zurück auf ihr Wesentliches, auf ihren Kern. Die Trauer zeigt etwas von ihnen, das nie so deutlich sichtbar war, und dieses Wesentliche ihres Charakters kehrt etwas zutage, das sie schön macht. Ich hingegen bin hässlich geworden. Ich bin gealtert, mein Gesicht ist das einer alten Frau, meine Augen haben sich von etwas abgewandt, sind matt und klein geworden, haben sich zurückgezogen, als wollten sie verschwinden. Das Leben geht weiter, sagen viele zu mir, das ist der Satz, den ich oft höre, das Leben muss weitergehen, eine Art Mantra der Überlebenden, der Übriggebliebenen, der Verlassenen. Aber es stimmt nicht, nein, das Leben geht nicht weiter, nur die vielen Nuancen der Trauer fächern sich auf, die große Palette aus Trauerfarbe mit ihren Abstufungen von Grau nach Schwarz und zurück nach Grau breitet sich aus, und man muss alle Töne durchschreiten.

Aber das Leben geht überhaupt nicht weiter, nein, es bleibt auch nicht stehen, es steht einfach nur herum, das trifft es mehr. Es wird zu einer schwachen Kopie seiner selbst, blass und leer, es macht keine Angebote, zeigt nichts und lädt zu nichts mehr ein, es tut nichts, als dumm herumzustehen, dumm und nutzlos herumzustehen. Es rückt weg und entfernt sich, gleitet ins Bedeutungslose. Die Tage werden bedeutungslos, auch ihr Datum wird bedeutungslos, es ist gleich, welcher Tag ist, welches Datum er trägt, was der Kalender zeigt, 17., 18. September oder 4., 5. Oktober, welche Rolle spielt das? Was soll diese Einteilung, wieso hat man sie, was bringt uns diese Zählung, was bringt sie vor allem mir? Es ist schwer, ins echte Leben zurückzufinden, die Bedeutung des Lebens wieder ernst zu nehmen und anzuerkennen, es scheint unmöglich, in Gedanken zurückzugehen und sich zu erinnern, dass es reich und voller Versprechen ist, sich selbst wieder davon zu überzeugen. Man weiß nicht mehr wozu, man fragt sich, wozu genau, wofür bitte war das Leben noch einmal gut, wofür war es eigentlich da?

• • •

Alles, was unser Vater aufgebaut hat, bauen mein Bruder und ich jetzt ab. Was er über Jahre in seinem Leben errichtet, zusammengetragen, eingerichtet und besorgt hat, nehmen wir jetzt zurück. Wir beenden, wir vernichten es. Wir vernichten die Konstante unseres Lebens. Die immer da war, die schon da war, als wir geboren wurden, mit der wir aufwuchsen, die unsere Kindheit, unser Großwerden, unser Erwachsensein, sogar unser Älterwerden begleitet hat. Wir kennen das Leben nicht anders. Wir kennen es nur so. Nur so kennen wir es, nur mit dieser Konstante.

Aber jetzt, während der Sommer sich weiter Wiesen und Wälder unterwirft und durch die geöffneten Fenster seinen nächsten heißen Tag meldet, zerstören wir diese Konstante. Jeden Morgen treten wir an, um sie weiter aufzulösen, mehr von ihr wegzunehmen und abzutragen. Sie zunichtezumachen. Es geht mechanisch, fast leicht, es ist ein technischer Vorgang, ähnlich wie eine Steuererklärung. Wir sitzen zwischen Papierhaufen auf den gestreiften Sofas unserer Eltern, arbeiten uns durch Schriftverkehr und Kontoauszüge, schlagen Ordner auf, lesen Versicherungspost, Sparkassenpost, Rentenpost, streichen mit rotem Stift an, kleben bunte Post-its auf, verteilen die Aufgaben nach schwierig, mittel und leicht und telefonieren, notieren, schreiben Namen auf, setzen Fragezeichen oder Häkchen.

Es ist fast einfacher, mit Fremden zu reden als mit Freunden. Mit fremden Stimmen geht es leichter, die vertrauten Stimmen machen es mir schwer. Ich kann nur nicht glauben, dass ich Fremden sage, mein Vater ist gestorben, gerade arbeiten wir uns durch seinen Nachlass. Dass ich Fremden sagen muss, was uns widerfahren ist, als würde sie das etwas angehen, als sei es nicht etwas, das nur mir, nur uns gehört, und als sei es deshalb falsch, es in die Welt hinauszutragen, ausgerechnet hin zu Fremden. Ich kann nicht glauben, dass ich diesen Satz über die Lippen bringe, ihn wirklich sagen und aufschreiben kann, dass ich mich das traue, dass ich es wage zu sagen: Mein Vater ist gestorben. Ich sehe diesen Satz an und lese ihn wieder, als würde nicht ich das schreiben, als würde es nicht um mich, um uns gehen, als würde mir das jemand diktieren, aber ich wäre nicht gemeint, weil ich einfach nicht gemeint sein kann. Solange ich diesen Satz nicht gesagt, nicht aufgeschrieben habe, war es vielleicht nicht wahr, vielleicht war solange eine andere Deutung, eine andere Sicht auf die Dinge möglich, vielleicht hätte ich seine Aussage, seinen Inhalt noch zurücknehmen können. Aber jetzt spreche ich ihn aus, schreibe ihn auf und erkläre ihn für wahr. Ich selbst mache eine Wahrheit aus ihm, ich selbst erhebe und ernenne ihn zur Wahrheit. Unfassbar, dass ich diesen Satz sagen und preisgeben kann, was er meint, was sein Inhalt bedeutet. Dass ich nicht gegen ihn halte, sondern in mir diese Worte verbinde und zu diesem Satz baue: Mein Vater ist gestorben. Er ist tot.

Wir finden Fotos in Kisten und Schubladen, als Andenken aus Pässen herausgetrennt, internationale Führerscheine, Skipässe, Flugtickets, ein Leben in Dokumenten und Bildern, irgendwann kommt die Frage auf, haben wir noch unseren Dia-Projektor? Das Menschengefüge tritt zutage, was meinen Vater in all den Jahren umgeben hat und das er jetzt hinter sich lässt, das fortan ohne ihn wird auskommen müssen, Briefe von Ost nach West, in den vertrauten Handschriften seiner Mutter, der Tanten und Cousinen, Weihnachtspost, Osterpost, Geburtstagspost, Festtags- und Alltagspost, Glückspost, Liebespost, Trauerpost, alles was ihn an andere gebunden hat, was sie einander schreiben, sagen, zeigen und mitteilen wollten, ihre Nähe, ihre Zuneigung dokumentiert und bewiesen in Schrift und Bild. Ich entdecke eine Postkarte, Poststempel 1954, mein Vater war einundzwanzig. Ein Liebespaar in Schwarzweiß, offenbar eine Filmszene, eine Frau schaut einen Mann an, zugewandt, verliebt, ihr Blick wie eine Einladung, ihre Lippen ein klares Ja. Auf der Rückseite steht in fremder Schrift: Ich denke oft an Dich. Darunter der Name, eine Zsófi hat für ihn geschwärmt. Es rührt mich, aber was genau? Dass jemand in ihn verliebt war? Dass er ein Leben hatte, das sich vor uns und unserer Zeit abgespielt hatte, von dem wir, seine Familie, nie etwas wussten oder erfuhren? Das meinem Vater aber so viel bedeutet haben musste, dass er diese Postkarte über Jahrzehnte in einem Ledermäppchen aufbewahrt hat? Ich kann der Sache nicht mehr nachgehen, es gibt niemanden, den ich noch befragen könnte. Vielleicht rührt mich nur, dass mein Vater einmal ein junger Mann war, wie Tausende zu seiner Zeit in seinem Land, mit Kinobesuchen, Schwärmereien, Tanznachmittagen und ersten Liebschaften, der das Band seiner Jugend einfach und mühelos durch seine Tage flattern ließ. Sein Leben vor ihm lag, die Welt sich vor ihm ausbreitete und er sie nur zu betreten brauchte. Dass er am Anfang stand und jung war. Jung und gesund. Dass seine jugendliche Welt noch im Lot war und er nicht ahnen konnte, was ihm bald widerfahren würde. Oder rührt mich, dass er damals noch so fern von uns war und keinen von uns im Kopf hatte, nicht einmal als Gedanken, meine Mutter nicht, meinen Bruder nicht, mich nicht?

So fülle ich die Zeiten auf, die ich nicht kenne, an denen ich nie teilhatte, in die ich nicht gehöre. Ich finde erst später statt, wir finden erst später statt, wir haben erst Jahre danach angefangen stattzufinden. Es gibt diese Zeiten, auf die wir keinen Zugriff haben, die sich uns entziehen, die wir selbst, mit unseren eigenen Mitteln, der Kraft unserer Vorstellung entwerfen und ausmalen müssen. Und es gibt Zeiten, die wir nur aus seinen Erzählungen kennen, auch seine Zeit beim Militär, diese Mischung aus Schwachsinn, Ödnis und Härte, dieser Übergang zwischen Schule und Studium, das er dann nicht mehr antreten konnte. Die drei Reihen, in denen sich die jüngsten Rekruten aufzustellen hatten: Arbeiter, Bauern, Intellektuelle. Arbeiter gab es in seiner Familie nicht, Bauern auch nicht, also stellte sich mein Vater zur winzigen Gruppe der Intellektuellen, kam sich falsch und lächerlich vor, so wie die klassenlose Gesellschaft ihm falsch und lächerlich vorkam, weil sie nach dieser Einteilung verlangte. Die kleinen Tricks, mit denen sie sich freischlugen. Einmal wurde mein Vater zu seinem Hauptmann bestellt, sein Bruder hatte ein Eiltelegramm geschickt, die Großmutter sei gestorben, sofort müsse er sich auf den Weg machen. Er verkniff sich das Stirnrunzeln, seit Jahren war die Großmutter tot. Sein Hauptmann drückte sein Beileid aus und gab meinem Vater frei, der bedankte sich, packte seine Tasche, verließ die Kaserne und sprang pfeifend auf den nächsten Zug nach Hause.

Nie hat er aufgehört, Bahnhöfe zu lieben. Das Tempo, die Bewegung an den Bahnsteigen, die Möglichkeiten aus Himmelsrichtungen, aus Strecken, Wegen und Zielen, die Vorstellung von Welt und die Einladung, sich zu ihr aufzumachen, eine Tür zu öffnen, einzusteigen und loszufahren.

Er konnte Stunden auf Bahnhöfen verbringen und dem Treiben folgen, dem Ankommen und Abfahren der Züge, dem Klang der Ansagen, dem Rattern der Anzeigetafeln, dieser Tonmischung, dieser Orchestrierung aus Quietschen, Pfeifen, aus Stimmen und Rufen. Er mochte es, mich zum Bahnhof zu bringen oder vom Zug abzuholen, er hat gewartet, bis mein Zug einfuhr, und mir durchs Fenster gewinkt, wenn er sich langsam in Bewegung setzte. Er konnte nicht verstehen, warum ich mich über einen verspäteten Zug ärgerte, warum wäre es schlimm, eine Weile über einen Bahnsteig zu schlendern, im Dickicht der Eilenden und ihrer Rollkoffer, unter dem Flügelschlag der Tauben? Mein Schimpfen auf die Bahn, meine Beschwerden wegen verpasster, ausgefallener, überfüllter, stehenbleibender, kühlschrankkalter oder glühend heißer Züge haben ihm Unbehagen bereitet. Ich konnte sehen, wie unwohl er sich fühlte, wie er sich unter meinen Wutkaskaden wand, als beschwerte ich mich über einen alten Freund, einen Vertrauten, mit dem man nicht so hart sein dürfe.

Als Kind war mein Vater jedes Jahr umgezogen. Jeden Sommer, zu Beginn des Schuljahres, ging es für die Familie des Bahnhofsvorstehers zu einem anderen Bahnhof im Osten Ungarns, von Dorf zu Städtchen, von Städtchen zu Dorf, durchs Vámpalotaland mit seinen Maisfeldern und Theißadern, seinen Storchennestern und Froschauen, seinen Ziehbrunnen und Strommasten aus dunklem Holz, unter seinem schläfern tiefliegenden, pastellblauen Himmel. Gläser und Porzellan wurden aus der Vitrine genommen, Kleiderschränke und Bücherregale geleert, Gardinen abgehängt, Teppiche verpackt und in Waggons verladen, ihr Hab und Gut rollte über Gleise durch den brütenden Sommer. Ich hatte meinem Vater das nie geglaubt, ich hielt es für eine seiner Übertreibungen, für ein weiteres Detail im Kanon seiner Erfindungen, weil er sich oft Geschichten für uns ausdachte, auch über seine längst verblassten Narben am Hals, auch da gab es eine Sammlung von Geschichten, die mit der einfachen, schnell erzählten Wahrheit nichts zu tun hatten. Als Junge war er mit dem Fahrrad in einen Stacheldraht gestürzt, ja, das war zwar schlimm gewesen, zum Erzählen aber nicht gut genug, noch nicht einmal, dass seine Mutter sich am Türrahmen festhalten musste, als er blutüberströmt und gestützt von seinem Bruder die Treppen hochstieg. Lieber erzählte er uns von Kämpfen, die er mit allerlei Wendungen und Personal ausschmückte, zunächst mit Tigern, Löwen, Bären, später mit Boxern und Ganoven, als er merkte, wir hatten das Alter verlassen, in dem wir noch glauben konnten, Ungarn sei die Heimat von Raubtieren.

Aber beim Aufräumen entdecke ich Unterlagen für die BfA, die Bundesversicherungsanstalt für Angestellte, in der Handschrift meines Vaters stehen auf einem Formular die Orte seiner Kindheit, alle Schulen sind verzeichnet, die er für seine Rente offenbar auflisten musste. Bevor er zum Miskolcer Gymnasium ging, ist jedes Jahr eine andere Schule, ein nächster, neuer, ein weiterer Ort eingetragen. All diese verrückten, komplizierten, zungendrehenden, halsbrecherischen Namen, Rozsnyó, Sátoraljaújhely, Gyöngyös, Legenye-Alsómihályi, die für meinen Vater einmal Zuhause bedeuteten, vor unfassbar weit zurückliegender Zeit sein Zuhause waren. Im ersten Stock der Bahnhofsgebäude Bücherschränke und Klavier, Dienstmädchen und Hauslehrer für beide Söhne, die sich weder für Latein noch für Physik begeistern konnten, unten auf der Staubstraße die Freunde und Dorfkinder, ein Fußball aus zusammengeknoteten Lumpen, dem unter der Sommersonne alle hinterherjagten.

Jedes Mal klagten die Kinder über den Abschied und weinten, aber schon nach wenigen Wochen am neuen Ort sagten sie, hier ist es noch schöner, wir möchten nie mehr weg von hier. Wir wollten diese Orte mit unserem Vater noch einmal abfahren, hinter Budapest und Gyöngyös durch den Osten tingeln, wo der Himmel größer und weiter ist als das Land darunter, zehnmal so groß, hundertmal so groß, langsam, in Schrittgeschwindigkeit abfahren, in einem Tempo, das die Bezeichnung Tempo nicht verdienen würde, in dem sich unsere Augen an den Wechsel der Ortschaften, an die wechselnden Umrisse von Wäldern und Feldern, an die Nuancen ihrer Farben leicht und ohne Aufwand anpassen könnten. Im Vámpalotaland wollten wir nach alten Häusern, Straßenschildern und Wegen suchen, nachschauen, was aus ihnen geworden ist, wie sie dem Vergehen der Zeit trotzten, Industrie und Plattenbauten ausblenden, während wir auf Zollpaläste und Bahnhöfe, auf unsere Tempel der Vergangenheit zusteuern und ein Café finden wollten, in dem man Kastanienpüree bestellen kann, dann eine Weile durch Miskolc schlendern, wo die Familiengräber zu Hause sind, mein Vater sein Abitur bestand, sich mit Zsófi zum Tanzen traf und zum Militär ging. Der Ort, an dem man ihn 1956 angeschwärzt und verraten hatte. Wir haben es versäumt.

• • •

Wir sichten Papiere, schlagen Ordner auf, arbeiten uns durch lästige Versicherungspost, durch Quittungen, Abrechnungen, Zahlungsverpflichtungen, durch die blödsinnig öde, gähnend langweilige Seite des Lebens, die erst der Tod zutage fördert und wichtigtuerisch in den Mittelpunkt stellt. Im Leben ist es nur ein Nebenbei, das in einem Schrank in Ordnern abgelegt ist und ruht, weil man wenig mit ihm zu tun haben will, mit diesen Zahlen, Unterschriften, Verträgen, diesen Kontoauszügen und Daueraufträgen des Lebens. Wir führen Listen, schreiben auf, was wir kündigen müssen, Handyverträge, Abonnements, Reiseversicherungen, Zusatzkrankenversicherungen, Mitgliedschaften, Debeka, Gothaer, Tchibo, Arbeiter-Samariter-Bund, nach Stunden sagt mein Bruder, möglicherweise hat unser Vater irgendwann den Überblick verloren.

Wie können Sie uns helfen?, ist zu einem meiner wiederkehrenden Sätze in diesen Monaten geworden, zu einem Satz, auf den fast jedes Gespräch früher oder später zuläuft, bei dem ich früher oder später ende. Irgendwann in diesem heißen Sommer habe ich begriffen, ich muss das so aussprechen, genau so muss ich fragen, ich darf den Ball nicht umklammern und festhalten, ich muss ihn abgeben, hochwerfen und sehen, wer ihn auffängt, Krankenkasse, Pflegedienst, Sozialdienst, Ärzte. Ich rufe bei der BfA an, meine Aufgabe, mir zugeteilt, uns fehlen Unterlagen, um die Witwenrente für meine Mutter zu beantragen, natürlich fehlen sie, so wie anscheinend immer das Wichtigste fehlt, immer was wir gerade suchen und brauchen, vorzeigen und abschicken müssen, um etwas voranzutreiben oder zu beenden. Der Mitarbeiter hat keinen Zugriff aufs Archiv, wir kommen nicht weiter. Wie können Sie uns helfen?, frage ich. Es gibt eine Pause. Offenbar überrascht ihn die Frage, er kann mit diesem Wort nichts anfangen. Helfen? Ich erwidere, ja, vielleicht können Sie den aktuellen Rentenbescheid für uns kopieren? Er sagt, nein, das könne er nicht, so etwas habe es noch nie gegeben. Ich muss lachen. In diesem irrsinnigen Reigen aus Urkunden, Formularen und Telefonaten muss ich jetzt lachen. Ich sage, das ist toll, wir sind also die ersten Angehörigen, die etwas verloren haben, Sie und ich betreten in diesem Augenblick Neuland!

Unser Kopf braucht Luft, unsere Augen müssen sich erholen, wir schlendern durch den alten Dorfkern dieses Frankfurter Vororts, gebaut aus Klinkerstein, Kirchturmspitzen und den Baumkronen der Kastanien, ein Blätterdach, das der Sommer dem Sterben überlassen hat. Das Labyrinth unserer Kindheit, aus dem wir irgendwann herausgefunden haben und in die Welt gezogen sind. Wir spazieren durch Erinnerung, durch ein Universum verschwundener Menschen und Dinge. Beide Bäckereien gibt es nicht mehr, wo wir Brausestäbchen aus einem Glas fischten, wenn wir samstags Brot holten und morgens vor dem Sprung auf den Bus etwas Süßes. Die Post gibt es nicht mehr, in der sich früher viele Wege kreuzten, irgendwann kam hier jeder vorbei, brachte etwas weg oder holte etwas ab, den Schuhmacher nicht, der vor Jahren seine Werkstatt geschlossen hat, wo er sich neben vollgestopften Regalen, unter einer Masse von Schuhen bei einem schmalen Licht über seine Arbeit gebeugt hatte, in dieser von Klebstoff getränkten Luft, die uns überfiel, sobald wir die Tür öffneten. Wir gehen durch die Arbeitersiedlung der Farbwerke Hoechst, die letzte vollständig erhaltene, heute unter Denkmalschutz, wo ich in jeder Straße mindestens, ja mindestens einen Namen einem Haus zuordnen kann. Arbeiterjugendstil hinter durstigen Vorgärten, die um Wasser bitten, nach Wasser verlangen. Wir gehen durch den kleinen Park, zu dessen Hügel wir beim ersten Schneefall unsere Schlitten zogen, und der jetzt, in diesen Wochen, von Grün zu Gelb, zu einer Staublandschaft geworden ist, vorbei an den Fußballwiesen, den letzten Häusern und Tennisplätzen über den Lachgraben, mit Blick auf die muschelweiße Kuppel der Jahrhunderthalle, die unter dem gleißenden Sonnenlicht liegt wie aus einem gigantischen Ozean soeben an Land gespült.

Als wir in unsere Straße einbiegen, sehen wir den Nachbarn meiner Eltern, gerade verlässt er das Haus. Als er uns bemerkt, breitet Egon die Arme weit aus, wir gehen auf ihn zu, umarmen ihn lange, schauen in seine stahlblauen Augen, auf sein schlohweißes Haar, sein grandioses Runzelgesicht, sein Parkinson-Nicken. In seinem Blick liegt alles an Mitgefühl, was er für uns bereithält und mit uns teilt, er muss nicht viel sagen. Mit 88 fährt er noch seinen Motorroller. Später drückt er fest unsere Hände, steigt auf und fährt winkend davon.

Wir stehen unter Bäumen, mein Bruder erzählt, hier, in dieser Buchenkrone, zwischen diesen Ästen, habe sein Freund Pfeil und Bogen auf ihn gerichtet und geschossen. Der Pfeil steckte in seiner Hand, in dem Dreieck zwischen Daumen und Zeigefinger. An der Hausfassade kletterten sie am Regenrohr über die Balkone, durchs Treppenhaus zu gehen war zu fad, dauerte zu lang, also hangelten sie sich hinauf zu den Freunden im ersten Stock, zweiten Stock, klopften an deren Balkontüren. Gesichter, die auf der Trauerfeier auftauchen werden. Mein Vater war Teil ihrer Kindheit, ihres Aufwachsens, eines Gewebes aus Sorglosigkeit und Spiel, aus Schutz und Gefahr. Auch der Bogenschütze wird kommen und bitterlich weinen, mehr als um seinen Vater, den wir im Jahr zuvor beerdigt hatten. Ich werde ihn fragen, erinnerst du dich an den Schuss? Er wird antworten, natürlich. Und dann hinzufügen: Wir waren Straßenkinder.

Ja, vielleicht hat er recht, vielleicht waren wir das. In jedem Fall aber Verstreute, in alle Winde Geschickte, Kollateralschäden der Geschichte, gestrandet in einem Frankfurter Vorort, in einer Hausgemeinschaft, verteilt über vier Stockwerke, darauf Displaced Persons, Staatenlose, Vertriebene, Ostzone, Ungarn-Flüchtlinge. Familie, das waren abgeschnittene, zertrennte Wurzeln, kaum erreichbar hinter Mauern und Stacheldrahtzäunen, oder aber ausgerottet, ermordet. Wir waren ohne Netzwerk, ohne Sicherheiten, also waren wir einander Netzwerk, Familie und Sicherheit. Wir feierten mit den anderen Bar Mizwa und Konfirmation, die Nachbarsöhne zeigten sich in Anzug und Samtkippa, wir feierten Chanukka und Weihnachten, Pessach und Ostern, ungesäuertes Brot und bunte Eier wurden über die Treppen durchs Haus gereicht, wir aßen schlesischen Streuselkuchen, Gefilte Fisch und Gulyássuppe. Als Kinder wanderten wir zwischen den Wohnungen, waren willkommen, wurden geliebt und getragen. Gingen meine Eltern tanzen, kam die Nachbarin, um nach uns zu schauen, so wie es sonst Tanten und Großmütter tun. Wir waren die Zukunft, die sichtbare, fassbare Zukunft, wir hatten Stimmen, wir hatten ein Leben, wir lebten in Freiheit. Wir hielten zusammen und fragten nicht, was vorher gewesen war, es ging nur noch um das Morgen. Das Gestern war vorbei. Es lag in einer Schatulle, die niemand zu öffnen brauchte.

• • •

Jeden Morgen mache ich mich auf zu meiner Mutter, gleite über die Autobahn durch den nicht endenden, sich immer wieder neu entfachenden Sommer Richtung Westen, um Papiere durchzusehen, Telefonate zu führen, aufzuräumen. Hauptsächlich räumen wir in diesen Wochen, jedes Verb mit »räumen« im Wortstamm passt und hat seine Berechtigung, will seine Aufmerksamkeit, seine Zeit: aufräumen, abräumen, wegräumen, ausräumen, leerräumen. Wir räumen das Schlafzimmer auf, entsorgen Stapel von Medikamenten, ja, es sind Stapel, auch wenn es nur Reste sind, selbst die fiebersenkenden aus Eisenstadt sind darunter, Apotheke Esterházystraße, die niemand mehr brauchte, auf die ich aber gesetzt und mit denen ich gehofft hatte, an diesem letzten leichten, fast schwerelosen Juliabend. Meine Haut brennt, irgendwann in diesem Sommer hat sie zu brennen begonnen, ich kann nichts dagegen tun, es ist etwas, das neu in mein Leben gekommen ist, nein, nicht die Haut brennt, sondern es brennt unter ihr, so fühlt es sich an, so sage ich es richtig, als gäbe es ein Feuer, das die Haut von innen, aus den Blutbahnen heraus verbrennt, eine Glut, die weiterglimmt und auf die ich keinen Einfluss habe, die ich nicht löschen, nicht austreten kann. Auch die Haut meiner Mutter spielt verrückt, ihr Inneres kehrt sich sichtbar nach außen und legt sich rot auf die Haut, ihre frische Trauer zeichnet Spuren auf ihre alte Haut, die Ärzte verschreiben ihr Tabletten und Salben, aber nichts kann helfen. Es wird Monate dauern, bis das aufhört, erst nächstes Jahr im Frühling wird es allmählich nachlassen.

Als ich mittags aufbreche und durch den alten Dorfkern fahre, sehe ich den Hausarzt in der Nähe seiner Praxis den Bürgersteig hinabschlendern. Vor wenigen Wochen habe ich in seinem Sprechzimmer mit ihm durchgespielt, wie es nach der Klinik für meinen Vater weitergehen könnte. Vor wenigen Wochen habe ich an seinem Schreibtisch über Literatur gesprochen, er hatte das Gespräch darauf gelenkt, das Reden über Krebs ausgesetzt, ersetzt durch das Reden über Bücher. Ich möchte anhalten, ihm die Hand reichen und danken, und möchte es eine Sekunde später lieber doch nicht. Überall lauert das Weinen, das plötzliche, unkontrollierbare Weinen – deshalb lieber nicht reden, es lieber vermeiden, schon gar nicht mit jemandem, der meinen Vater mochte und nur Gutes über ihn sagen will. Jeder Tag beginnt ja schon mit Weinen, so endet meine Nacht, so hört mein Schlaf auf, so fängt mein Morgen an, so gehe ich in meinen Tag. Nach dem Aufwachen stehe ich am Fenster, schaue in den Garten und weine das Gras und die Rosen an, die einzigen Pflanzen, denen dieser Sommer nichts anhaben konnte, die nichts an Form eingebüßt haben, nichts von ihrer Farbe hergeben mussten. Ich kann nicht selbst darüber entscheiden, ich kann nicht wählen, ich habe keinen Einfluss darauf, welches Weinen mir der Tag zuordnet, mit welchem Weinen er mir auflauern, mich belästigen und überfallen will, welches Weinen er heute, am neuen Morgen für mich bereithält, das grundverzweifelte, nicht zu bändigende, schleusenlose oder das stille, erträgliche Weinen, das bald abebbt und aufhört. Zwei Wörter setzen den Grundton, jedes für sich genommen harmlos, in ihrer Kombination aber grausam: nie mehr. Ich werde meinen Vater nie mehr sehen, nie mehr werde ich mit ihm sprechen. Ich werde seine Stimme nur noch in Träumen und Gedanken hören, vielleicht reicht die Erinnerung irgendwann nicht mehr aus, um sie in meinem Kopf zusammenzusetzen, vielleicht vergesse ich sie.

Ich fahre langsam, ich schaue dem Hausarzt nach, er hat es nicht eilig, es sieht wie ein Spaziergang aus, bei dem er sich zerstreuen, einen Gedanken loswerden will. Niemand kommt ihm entgegen, niemand kreuzt seinen Weg, etwas trägt ihn durch die Dorfmitte, als würde er schweben, durch die schmalen Gassen zur katholischen Kirche, wo er im spitzen Schatten ihres Turms abbiegt und Richtung Friedhof verschwindet. Ich bin mir seit einer Weile nicht mehr sicher, sind die Dinge so, wie ich sie sehe, oder spielt mein Kopf mir Streiche, trickst er mich aus, treibt er hinterhältige oder harmlose Spiele mit mir? Aber im Sonnenlicht dieses Spätsommers, auf den leeren Straßen dieser Mittagsstille sieht es aus, als würde er zum Friedhof schweben, und vielleicht tun Ärzte das ja, vielleicht tun sie genau das in ihren Mittagspausen, sie schweben zu ihren ehemaligen Patienten zu den Friedhöfen, vielleicht kennen sie einen Trick, um ihnen zu begegnen.

An der Kirche stelle ich das Auto ab und steige aus, ich will mich trösten mit einem Strauß Blumen, ich will ihn zu Hause in meine größte Vase stellen, davor ein Foto meines Vaters, ich will einen kleinen Hausaltar zum Abschied. Die Floristin ist neu, ich frage, was ist mit Ihrer Vorgängerin? Krebs, antwortet sie umstandslos, während sie meinen Strauß bindet, deshalb habe sie den Laden übernommen. Ja, und jetzt habe es auch sie getroffen. Ja, getroffen, sagt sie. Das gleiche Ding, die gleiche Sache, ob das nicht verrückt sei? Ja, ist es, denke ich, genauso verrückt wie dieses verrückte Leben mit seinen verrückten Fallgruben. Sie sagt, sie müsse operiert werden, aber den Laden könne sie jetzt auf keinen Fall schließen, wie sie sich das in der Klinik vorstellen? Das Wasser aus den Vasen gießen, die Blumen verkaufen, weggeben oder wegwerfen, alles stehen und liegen lassen, die Tür verriegeln und verschwinden? Ein Schild aufhängen: Wegen Krebs geschlossen? In der Höchster Onkologie sei sie, die solle sehr gut sein, fährt sie fort, die habe einen sehr guten Ruf. Ich muss an Ort und Zeit der Diagnose denken, an die junge Ärztin ohne Emotionsfaden, ohne auch nur einen hauchdünnen, reißbaren Faden Emotion, an ihr unheilbar, ihr »derisso«.

Ich sage nichts. Nur still zu mir selbst, du entkommst ihm nicht, diesem Höchster Onkologie-Radius. Er fängt und umschließt dich, sogar hier streckt er seine Arme nach dir aus, sogar in diesem kleinen Blumenladen an der Ecke, der rein gar nichts mit dir und deinem Leben zu tun hat, in dem du nur zufällig bist, in jedem anderen Blumenladen dieser Welt könntest du deine Blumen kaufen, aber du kaufst sie hier. Die Floristin nimmt Zweige auf, steckt Rosen und Dahlien in glühenden Spätsommerfarben zusammen, ein Feuer aus Rot, Gelb, Orange, dreht sich wieder zu mir und sagt, sie muss die Operation verschieben, sie hat dafür keine Zeit, erst muss sie jemanden für den Laden finden, und wenn nicht, muss sie schließen, also kurzum, für die Operation hat sie jetzt überhaupt keine Zeit, später ja, später vielleicht, später könne es gehen, später kann sie es vielleicht einrichten, und ich denke, nein, für Krankheit haben wir in unserem Leben keinen Raum, im Trubel unseres täglichen Lebens ist Krankheit nicht vorgesehen, wir denken sie nicht mit, wir haben keinen Gedanken frei für sie, in der dichtbestückten Reihung unserer Tage hat sie keinen Platz, auch der Tod hat keinen. Nur alte Menschen haben Zeit und Platz für Krankheiten und halten einen Gedanken frei dafür, nur alte Menschen können sich den Tod einrichten und überhaupt leisten. Ich sage, verschieben Sie es nicht, denken Sie nicht einmal daran. Lassen Sie sich sofort operieren. Sie schaut mich verblüfft an, und ich wiederhole, verschieben Sie es nicht, verlieren Sie keine Zeit. Dann nehme ich meinen Strauß und gehe.

• • •

Vor fünf Jahren hatte der Onkologe zu meinem Vater gesagt, achtzig zu zwanzig gehe es gut für ihn aus. So standen die Chancen, so sagte es die Statistik, so sprachen die Erhebungen mit ihren Zahlen, und so sprangen unsere Reflexe der Hoffnung an. Wir dachten an die achtzig, selten an die zwanzig, wir wählten uns das Bessere aus, die größere Zahl, die weitere Zeitdimension, die mildere Variante, wir griffen wie von selbst nach ihr, wir hatten Kraft zu glauben, wir hatten genug davon. Eine Chemo, dafür fünf geschenkte Jahre, fünf Jahre verlängertes Leben, so können wir es heute sehen. Und fünf Jahre sind viel. Nicht ausreichend, aber viel. Sehr wenig, aber viel. Lächerlich wenig, aber viel. Fünf Jahre den Garten bestellen. Fünf Jahre lang beobachten, wie die Äpfel am Baum reifen, die Würmer sich an ihnen zu schaffen machen. Fünf Jahre lang im Herbst das Laub sich bunt färben und fallen sehen. Es zusammenfegen. Fünf Jahre lang Silvester feiern, anstoßen und kurz nach Mitternacht Wünsche zum Himmel schicken, durch den Knaller, Heuler und Raketen toben. Fünf Jahre, um den Enkeln beim Wachsen zuzuschauen. Wie sich ihre Gesichter verändern, ihre Hände und Füße größer werden, ihre Stimmen tiefer, wie ihr Verstand, ihre Sprache, ihre Debattierlust, ihr Widerstand aufblühen und fortschreiten. Fünf Jahre sehen, denken, fühlen. Im ungarischen Dorf unter der Akazie im Paradiesgarten sitzen, zum Weinberg schauen. Sommer atmen. Im See schwimmen. Am Ufer in die Wellen abtauchen für so eine jó úszás. Für so ein gutes, langes Schwimmen weit hinaus, Sonne und Wasser als Zeugen.

Von allen Krebspatienten, die ich kannte, gab es nur eine Genesungsgeschichte zu erzählen, nur eine Frau war dem Krebs entkommen, hatte ihn mit der Chemo hinter sich gebracht, aus ihrem Leben entfernt. Die anderen waren gestorben, nach drei Monaten oder drei Jahren, mit großem Leid und einem zerfressenen, entstellten Körper oder aber schnell und fast friedlich. Ich brachte meinen Vater zu seinen ersten Untersuchungen, und wir alle atmeten auf, als die Ergebnisse sagten, der Kopf ist von Metastasen frei, wir atmeten auf, als sie sagten, die Organe sind frei, wir atmeten auf, als sie sagten, das Rückenmark ist frei, wir atmeten auf, als sie sagten, es sitzt an einer Stelle, und von da kann es weg. Wir atmeten durch. Später fuhr mein Vater mit dem Taxi. Er hatte Coupons von seiner Krankenkasse, dazu von der Klinik eine Liste mit vierzig Taxiunternehmen, die ersten zehn hatten ihm sofort abgesagt, weil die Kasse zu wenig zahlte, das elfte war bereit gewesen, meinen Vater zu bringen, auf den Fahrer hatte er beim ersten Abholen eine Stunde warten müssen. Aber mein Vater beschwerte sich nicht, es war nie seine Art, sich wegen solcher Dinge zu beschweren, er legte wie immer die Hand auf meinen Arm, um mir zu bedeuten, kein Theater bitte, nicht deshalb.

Er trat seinen Dienst als Kranker an, traf ein zu seiner ersten Chemo-Sitzung, ließ sich verbinden mit seinem ersten Chemo-Schlauch, seiner Infusion, verabreicht in Abständen, um zu sehen, was für ihn verträglich war. Sechs Zyklen warteten auf ihn, alle vier Wochen viele Stunden am Tropf. Er bekam einen Stapel mit Rezepten, für und gegen alles, was kommen könnte, versuchte, den Überblick zu behalten, und mischte sich unter die vielen Patienten, unter die Frauen mit Perücken und Tüchern, kunstvoll um die kahlen Köpfe gewickelt. Ein Anblick, an den wir uns erst gewöhnen mussten. Auch an die Tatsache, dass es so viele waren, dass es hinter diesen Türen zuging wie in einem Taubenschlag, jeweils fünf, sechs Leute an ihren Schläuchen in einem Zimmer lagen oder saßen, die meisten jünger oder deutlich jünger als mein Vater – vierzigjährige, fünfzigjährige Frauen und Männer, bei deren Anblick ich sofort anfing, mir deren Leben zu Hause auszumalen, wer dort wohl saß, bangte und hoffte. In den Stunden, in denen seine Infusion wegsickerte, schöpfte mein Vater Kraft aus den Gesprächen, wenn ihm die anderen sagten, sie hätten keine bösen Nebenwirkungen, alles gehe seinen gewünschten Lauf. Daran hielten wir uns alle fest, ich fing an, die Geschichten wegzuschieben, die ich von abgebrochenen Chemos gehört hatte, weil die Begleiterscheinungen nicht auszuhalten waren. Nur ein Satz, den ich einmal aufgeschnappt hatte, ließ sich nicht vertreiben, er kehrte hartnäckig und störrisch zu mir zurück: Entweder stirbst du am Krebs oder an der Chemo, mehr Auswahl gibt es nicht.

Ich wusste damals nicht, wie ich es meinen Kindern sagen könnte, ich hatte Angst vor ihrer Angst, ich dachte lange darüber nach, zu welcher Tageszeit ich es aussprechen könnte, in welcher Zeitzelle unseres Alltags, in welcher Tonlage, mit welchem Gesicht, welchem Vokabular, mit welchen Worten. Opa hat Krebs – ausgeschlossen. Opa ist krank, und deshalb sind ihm jetzt die Haare ausgefallen – vielleicht etwas in der Art. Ich nahm mir vor, meinen Vater ohne Haar zu sehen und nicht zu weinen, eine große Aufgabe, ein ziemliches Unterfangen. Nicht, weil er kein Haar haben, sondern weil es nach außen tragen würde, was in diesem Körper geschehen wollte. Meiner Mutter hatte ich schnell klargemacht, dass sie meinem Vater die Haare kürzen und er seinen Bart abnehmen sollte, damit sie nicht erschrecken müssten, sobald sich alles lösen würde. Die Frauen, die ich kannte, hatten sich sofort von ihrem langen Haar getrennt, um den Schrecken zu schmälern, wenn es bald nach der ersten Chemo ausfiel. Eine Freundin hatte es versäumt und mir später erzählt, wie grauenhaft es gewesen sei, als sich ihre langen blonden Haare in der Nacht gelöst hatten und am Morgen auf ihrem Kissen lagen.

Als seine Therapie vor fünf Jahren begann, hatte mein Vater gesagt, in den nächsten Wochen bitte keine Fragen zur Krankheit, lasst uns im Garten die Sonne genießen und nicht über Krebs reden. Also fing ich an zu schweigen und kaufte auf dem Markt schreiend pinke Pfingstrosen. Und dann standen sie in meiner Vase, auf meinem Tisch und wurden zu Zeugen dieses Frühjahrs. Wir bewegten uns in kleinen Schritten und begriffen langsam, dies würde kein Sommer, in dem mein Vater alle vier Wochen ins Krankenhaus fuhr und alles andere unverändert bleiben könnte. Aber ich hielt mich fest am Gedanken, der Krebs würde gebremst, mein Vater bekäme seine Sommer in Ungarn zurück und hätte weiter seine Winter mit uns hier. Sein Leben würde weitergehen, unser Leben mit ihm würde auch weitergehen. Mein Vater klagte nicht, er hielt es aus. Aber ich begann, zwischen Hoffnung und Angst zu leben, ich pendelte ständig von der Hoffnung zur Angst, mein Vater würde durch diesen Sommer mit Hut gehen, der Krebs aber trotzdem bleiben und wachsen. Seit jenem Sommer haben wir alle in Drei-Monats-Abständen gelebt, Vater, Mutter, Tochter, Sohn, in Abschnitten aus drei mal dreißig Tagen, haben nach jeder Kontrolle aufgeatmet und das zurückeroberte Leben gefeiert. Wieder drei Monate geschenkte Zeit, wieder drei Monate in Freiheit, wieder drei Monate abnehmende, versickernde Angst. Damals keimte und wuchs dieser Drang in mir, aufzuspringen und loszufahren, um meinen Vater zu sehen. Ihn anzufassen, solange er warm und da und lebendig war.

• • •

Wir bestellen Kränze, Lilien- und Rosengestecke für die Trauerfeier. Ich verstehe nicht, wie man in Traueranzeigen darum bitten kann, auf Blumen zu verzichten, ich finde, es kann nicht genug Blumen geben, es muss ein Meer aus Farben sein, mit allen Spielarten, Zeichen, Formen, allen bunten Beweisen des Lebens. Ausgerechnet bei diesen vorgestanzten, immergleichen Worten schießen mir Tränen in die Augen: In Liebe und Dankbarkeit. Wir vermissen Dich. Hab Dank für Deine Liebe. Zum Abschied. In stiller Trauer. Ja, dankbar sind wir. Ja, wir vermissen dich. Ja, wir verabschieden uns. Ja, stimmt alles, alles richtig, alles genau so. Und ja, wir trauern still, unsere Trauer ist still. Oder ist das falsch? Ist sie nicht eher lärmend, ohrenbetäubend laut? Muss ich mir nicht ständig die Ohren zuhalten?

Es dauert, bis wir uns entscheiden, sogar für die Farben der Trauerbänder brauchen wir Zeit, die Farben für Stoff und Schrift, es fällt uns schwer, als gehe es um etwas furchtbar Wichtiges, Entscheidendes, um viel mehr als Blumenschmuck. Als wir über den Hof hinausgehen, fährt Egon auf seinem Roller vorbei, in sein schlohweißes Haar greift der Fahrtwind, er biegt an der Kirche ab, lacht und winkt uns zu. Ein Glücksgefühl durchströmt mich, während ich ihm nachsehe, ein alter Mann auf einem Roller, ein alter Mann, der lebt. An dessen Tür es in der Nacht dreimal laut geklopft hat, in dem Augenblick, als die Nachbarin starb. So hat er es uns berichtet. Auch hier in Frankfurt geschehen diese Dinge noch, Zeichen werden noch verschickt und empfangen. Als er öffnete, war niemand da.

Später werde ich panisch, ich fürchte, sie schreiben unsere Namen falsch, unsere komplizierten ungarischen Namen, die sie in ein großes Heft eingetragen haben, ich fürchte, sie vertauschen die Buchstaben s und z oder lassen sie weg, setzen die Akzente falsch. Die Vorstellung, in der Trauerhalle liegen Kränze mit falsch geschriebenen Namen, Schriftbänder mit falsch geschriebenen Namen werden ans Grab meines Vaters gebracht, ist unerträglich. Auch wenn ich mir albern vorkomme, rufe ich an und teile der Chefin meine Bedenken mit, sie beruhigt mich, und als ich den Laden zwei Tage vor der Trauerfeier wieder betrete, sagt sie sofort, Sie haben Angst wegen der Namen, betont es aber so, als würde sie sagen wollen: Haben Sie keine Angst wegen der Namen, es ist unnötig. Am Abend schickt sie mir Fotos von den Bändern aufs Handy. Weiß auf Grün, Gold auf Weiß. In Liebe und Dankbarkeit. Alle Namen sind richtig geschrieben, auch die Akzente stimmen.

• • •

Auf der letzten Sommerreise nach Ungarn hatte uns mein Vater noch einmal erzählt, wie er während des Aufstands im Herbst 1956 mit dem Zug nach Budapest gefahren war, als sei es nur ein Ausflug in die Hauptstadt, ein Tag wie jeder andere, blauäugig und ohne Angst durch eine Schleuse der Stille in die Mitte des Sturms, ins Auge des Orkans. Er fuhr zur Tante, er sollte der Familie Essen bringen. Niemand wusste, ob sie sich versorgen, ob sie etwas kaufen konnten in diesen Tagen, also wurde mein Vater mit gut gefüllten Taschen, mit Suppe, Fleisch, Kartoffeln und Reis in einer Blechkanne losgeschickt. Budapest war gelähmt. Schlafend, dämmernd, ohne Bewegung auf den Straßen. Die Zeit ausgesetzt, die Uhrzeiger angehalten. Nach der Lautstärke der letzten Tage, dem Lärm der Protestmärsche und Gefechte lag Ruhe über den Dächern, über dem Fluss und seinen schwebenden Brücken. Eine Millionenstadt ohne die surrenden Abläufe ihres Alltags, ohne Verkehr, ohne Stimmen, ohne Geräusch und Ton, verstummt und eingefroren, gefangen wie unter einer Eisschicht – ihre Läden geschlossen, ihre Gardinen zugezogen, ihre Türen abgesperrt, ihre Tore verriegelt. Mein Vater hörte nur seine eigenen Schritte, nur das Klacken seiner Schuhe, als sei er der einzige Mensch an diesem Ort zu dieser Stunde, als seien alle Häuser und Wohnungen, alle Gebäude des öffentlichen Lebens leer. Noch glaubte er an eine Wendung, noch wusste niemand, die Sowjetpanzer standen bereit, um den Aufstand zu beenden und den Strom der Flüchtenden loszutreten. Tage der himmlischen Ruhe nannte man sie. Und in diese trügerische Ruhe, in dieses kleine Fenster, dieses Schlupfloch, das für kurze Zeit, für ein winziges Luftholen der Geschichte geöffnet war, hatte man meinen Vater geschickt, um Essen vom Land in die Stadt zu bringen.

Er hat mir diese Szene schon früher beschrieben, wir haben fast lachen müssen über so viel Unerschrockenheit, wie er als junger Mann, nach dem sich zur gleichen Zeit in Miskolc die Staatssicherheit erkundigte, durch die leeren Budapester Häuserschneisen gegangen war, allein unter den stummen Zeugen der Kämpfe, durch die Spuren aus Scherben und Splittern auf den Straßen und Bürgersteigen, die Stille aufgebrochen nur vom Klappern, vom fast singenden Geräusch der Blechkanne, die an sein Bein schlug. Im Ostbahnhof war er vom Zug gesprungen, unter den Engeln der Eingangshalle durchs Portal gegangen, mit ihren Blicken im Rücken durch die schweigende Stadt nach Süden. Nicht über die Ringstraßen, nicht über die Rákóczi út, nicht über die József körút, sondern über die schmalen Straßen dahinter, durchs Budapester Grau zu einem der großen Mietshäuser in der unteren Josefstadt, Józsefváros, 8. Bezirk, gebaut aus Innenhöfen und dunklen Fenstern, wo seine Tante von der Galerie herabschaute und die Hände vor der Brust zusammenschlug, weil sie nicht glauben konnte, dass ihr Neffe die Treppen zu ihr hochstieg, dass man ihn wirklich geschickt hatte, damit er in ihrer kleinen Küche eine Blechkanne auf den Tisch stellte und Suppe austeilte.

1956 scheint für die nachrückenden Generationen ein verblasstes, zurückgedrängtes Jahr, nur eine Zahl aus dem Geschichtsunterricht, nicht mehr der tiefe Schnitt, der das Land verletzt und gelähmt hat. Sicher ist 1989 das größere Datum, der Bruch, die Wende in ihrem Gedächtnis, aber nicht mehr 1956. Als mich unsere Vermieterin in Balatonfüred mit Verwunderung gefragt hat, wo ich Ungarisch gelernt habe, denn außerhalb der Grenzen dieses Landes spricht oder versteht niemand diese verrückte, übertrieben komplizierte Sprache, habe ich geantwortet, meine Eltern kommen aus Ungarn. Und als sei das keine hinreichende Aussage, als hätte ich etwas ergänzen müssen, um die Zusammenhänge darüber hinaus zu erklären, habe ich angehängt, sie haben das Land 1956 verlassen. Sonst hat das ausgereicht, 1956 war die magische, große Ziffernreihe, die man bei allen weiteren Fragen nur fallen lassen musste und für die man immer mindestens ein bedeutungsvolles, aufgeladenes Nicken erntete. Zu sagen, sie sind 56er, hieß: Man wird sogleich dem Strom zugeordnet, der in jenem Jahr die Heimat abstreifen musste und mitausgedünnt hat, mehr brauchte man nicht hinzuzufügen. Aber diese junge Frau in Balatonfüred schien es nicht zu wissen, in ihrem Kopf, in seinen Verästelungen, schien dieses Jahr keine Rolle zu spielen. Als ich die Zahl ausgesprochen, zwischen uns gesetzt und wie ein Angebot, das sie hätte annehmen können, zwei Sekunden habe nachklingen lassen, hat sich nichts in ihrem Gesicht bewegt, nichts in ihrem Ausdruck verändert. Sie hat mich angeschaut, als wolle sie sagen: Ja und? Was bitte heißt jetzt 56er?

• • •

Wir kaufen ein Grab. Montagmorgen, neun Uhr, und wir kaufen ein Grab. Zu dritt sind wir hier, um es auszusuchen, mein Bruder, meine Mutter und ich, an diesem warmen, sonnigen Tag, in diesem Sommer, der nicht nachlässt und aufgibt, sich nicht begnügen und nicht aufhören kann, Felder und Wiesen zu verbrennen, diesem beängstigend groß gewachsenen Sommer, in dem wir klein und bedeutungslos geworden sind. Jeder will es sehen und mitentscheiden, für jeden muss es in Ordnung sein, so wie ein Grab in Ordnung sein kann. Für uns ist heute Gräberkaufzeit. Es ist das erste Grab, das wir kaufen. Es ist das erste Mal für uns. Eine Wahlgrabstätte für ein Reihenurnengrab, so heißt das, wenn man verbrannt wird und die Asche in einem Gefäß in ein Erdloch versenkt wird. Wir sind mit dem Mitarbeiter des Friedhofsamts verabredet, er schlendert im Schatten der Bäume auf uns zu, durchtrennt mit seinen Schritten Hell und Dunkel auf dem Kiesweg, wie Sonne und Blätter es heute Morgen zeichnen, hält sich fest an seinen Mappen und reicht uns nicht die Hand. Er ist der Erste, der uns kein Beileid ausspricht. Ich habe fast darauf gewartet, in den letzten Tagen war es der erste Satz aller Menschen, mit denen ich zu tun hatte. Alle haben ihr Beileid ausgesprochen, sogar der Mann von Tchibo Mobile, wo es um eine Kündigung und ein Restguthaben von drei Euro neunundzwanzig ging. Vielleicht raubt ihm dieser eine Satz in seinem Arbeitsalltag unnötig viel Zeit, die er nicht entbehren kann, vielleicht ist ihm sein Mitgefühl abhanden gekommen, vielleicht gilt es auch nur noch ihm selbst, weil er Gräber verkauft und das sicher keine Freude bereitet. Vielleicht fing er mit einer Grundausstattung, einem Vorrat an Mitgefühl an, vielleicht besaß er vor Jahren noch Mitgefühl, aber mit der Zeit hat es abgenommen, hat sich beim vielen Gräberverkaufen wie ein alter Stoff abgetragen und abgewetzt. Für uns hat er keines mehr übrig.

Es geht nicht schnell, so einen Platz auszusuchen dauert, weil man den Gedanken nicht aus dem Kopf kriegt, er muss für die Ewigkeit reichen, es aufnehmen können mit der Ewigkeit. Es wird die einzige sichtbare Verbindung zwischen uns Lebenden und dem Toten sein. Die Stelle, die das Jenseits ankündigt, an der wir uns aber noch begegnen können, jedenfalls auf diese karge Art, ohne Ton, ohne Stimme, ohne Berührung. Obwohl die Auswahl klein ist, braucht es Zeit, unter den wenigen Reihen im Gras den einen Platz zu finden, der passen könnte, eher vorne, eher hinten, eher Mitte, eher rechts, viele Möglichkeiten gibt es nicht auf diesem ausgewiesenen, zugeteilten Totenrasen. Auch wenn der Sommer nach den Vorstellungen meines Vaters war, heiß, trocken und groß – riesig –, sieht der Rasen nach dieser regenlosen Zeit erbärmlich aus, wie ein grob, hastig und fahrig abgeerntetes Feld mit braunen, kahlen Stellen, hier und da bedeckt von vertrockneten Blättern, die von den Bäumen schon abgeworfen wurden. Meine Mutter kann den Gedanken nicht ertragen, von der Buche könnten Blätter aufs Grab fallen, der Herbst könnte die Platte, den Namen meines Vaters, seine Jahreszahlen zudecken. Also wird es nicht der Platz unter der Buche, den ich mir gewünscht hätte, weil mein Vater ein Baumliebhaber war, ein Baumbewunderer. Wir einigen uns auf ein Grab in Blickachse zur Bank. Ich unterschreibe, ich bin die Pächterin, ich pachte für die nächsten fünfundzwanzig Jahre eine Rasenurnenwahlgrabstätte mit zentraler Ablagemöglichkeit mit der Nummer A 0218 und der Bezeichnung UG

Rasen. Im Herbst, wenn sich dieser Rasen erholen wird, können wir auf der Bank sitzen und über die Reihen zum Grab meines Vaters schauen.

• • •

Der Pfarrer wird nicht zur Beerdigung kommen. Sie ist kein Sakrament, also übernimmt der Pastoralreferent, Beerdigungen gibt der Pfarrer aus Zeitmangel ab. Es geht überhaupt viel um Zeit beim Sterben, dabei spielt gerade die Zeit für den Toten keinerlei Rolle. Auch für mich hat sie an Bedeutung verloren, auch für mich ändert sich der Blick auf die Zeit. Der Tod sät in mir Zweifel an ihr und an ihrer Messbarkeit. Die Belegung der Trauerhalle wechselt jede halbe Stunde, beerdigt wird auf unserem Friedhof nur freitags. Trauern und Weinen also freitags, und nicht länger als eine halbe Stunde, Trauern und Weinen nur solange, bis die Nächsten vor der Tür stehen. Mein Vater besuchte den Gottesdienst, hatte sich nach der ersten Chemo an den Sonntagen auf einer Kirchenbank für die geschenkte Zeit, für sein verlängertes Leben bedankt, mehr als sechzig Jahre lang hat er Kirchensteuer gezahlt – aber jetzt kommt der Pfarrer nicht zu seinem Begräbnis. Etwas dreht sich in meinem Kopf und Magen, etwas in mir wirft dieses Karussell an, ich werde das Gefühl nicht los, es ist nicht richtig, nicht vollständig, nicht ausreichend. Ich spreche im Gemeindebüro vor, nenne dem Referenten meine Vorbehalte, er zeigt Verständnis, ich rede mit dem Pfarrer, er bleibt bei seiner Linie.

Die Trauerhalle unseres heimischen Friedhofs ist wegen Bauarbeiten geschlossen, seit langem steht sie unter einem Baugerüst, nie sehe ich an diesen Friedhofstagen Arbeiter, die etwas voranbringen, irgendeine Bewegung, ein Geschehen. Baustellen haben meinen Vater in seinen letzten Monaten begleitet, uns alle haben sie begleitet, Baugerüste und Absperrungen gehörten zu unserem Leben, Baumaterial und Schutt zeichnen eine Linie zum Friedhof. Die Wohnung meiner Eltern, der gesamte Block war saniert worden, der Sound des Presslufthammers hatte meine Eltern umgeben, der weiße Staub auf den Treppen, die immerzu weit geöffneten Wohnungstüren, die Rufe der Handwerker, die ein und aus gingen und ihre schmutzigen Spuren setzten, das Beben, Klopfen und Dröhnen, wenn ein großes Mietshaus saniert wird. Meine Eltern mussten aus- und Wochen später wieder einziehen, Kisten packen, ihr Provisorium in der Ersatzwohnung einrichten, wo sie nicht in ihrem Bett, sondern auf einer Matratze auf dem Boden schliefen, wieder Kisten packen. Ihre Tage waren bestimmt vom Sortieren und Räumen, immerzu habe ich mit ihnen vor Umzugskartons gestanden und Dinge hineingelegt oder herausgenommen – ein lauter, unter Dreck versinkender Nebenschauplatz, eine lästige Zusatzaufgabe. Als hätte man versucht, meinen Eltern so viel wie möglich aufzubürden, als sei die Krankheit nicht ausreichend. Als brauchten sie für ihren Lebensabend, für so ein Lebensende unbedingt weitere Zumutungen.

Für die Trauerfeier müssen wir auf den Nachbarort ausweichen, zur Urnenbeisetzung dann hierherkommen. Eine geteilte, zerschnittene Beerdigung – auch so ein Hindernis, ein Umweg, ein Fehler. Hat mein Vater seine Hände im Spiel? Findet er, wir haben es uns zu leicht gemacht mit der Entscheidung für ein Grab in Frankfurt? Und sollen deshalb über Stolpersteine gehen? Nach der Trauerhalle wird sich unser Autocorso wie bei einer Hochzeit in Bewegung setzen, um die Asche zum Grab zu begleiten. Einfach in die katholische Kirche ausweichen, um von dort die wenigen Schritte zum Friedhof zu gehen, können wir nicht. Der Pfarrer hat es mir angeboten, aber es würde weitere Behördengänge bedeuten, die Stadt muss es erlauben, die Kirche muss es einplanen, wir müssten um Bewilligungen bitten, Genehmigungen sammeln, Stempel und Unterschriften. Ich habe keine Kraft für neue Nein-Sätze, zu viele Geht-nicht-Sätze habe ich in diesem Jahr schon gehört und gesammelt, ich bin gefüllt mit Geht-nicht-Sätzen und habe keine freie Stelle, wo ich einen weiteren, neuen Geht-nicht-Satz unterbringen könnte. Es passt auch nicht zu meinem Vater. Nein-Sätze gehörten nie in sein Repertoire. Nie habe ich einen Nein-Satz, einen Geht-nicht-Satz von ihm gehört. Alles ging. Immer ging alles. Alles war möglich, jederzeit. Machen wir nicht, können wir nicht, geht nicht, hatten wir noch nie – das war kein Satz meines Vaters. Dafür hatte er gar kein Vokabular.

. . .

Wofür schäme ich mich?, frage ich an einem dieser Vormittage, während ich am Fenster mein Kaffeeglas umklammere und mit meinen Blicken den Himmel absuche, mir ausmale, wie und wo es in einer vorstellbaren unvorstellbaren Ewigkeit für meinen Vater weitergeht. Was nagt an mir? Was werfe ich mir vor? Sicher nicht, dass wir uns wegen der Medikamente gestritten hatten, weil wir immer wieder versucht hatten, unseren Vater zu überzeugen, seine Schmerzmittel zu nehmen. Wir hatten ihn bedrängt und beschworen, wir hatten es ihm aufgetragen und ihn gebeten, wir hatten versucht, ihm das Versprechen abzuringen. Sich nicht zu quälen, seinem Körper Ruhe zu geben, ihm Erholung vom Schmerz zu erlauben, Schmerzpausen einzulegen, sich schmerzfreie Zeiten zu gönnen – Stunden, Minuten, Sekunden ohne Schmerz, ja, Sekunden. Wir hatten ihn vom ersten Tag an beschworen, mein Bruder am Telefon, ich auf dem Wohnzimmersofa meiner Eltern, als die Rezepte ausgestellt waren und die Medikamente bereitstanden, als die Beipackzettel mit rotem Stift markiert waren, die Packungen vom Apotheker beschriftet: alle vier Stunden, dreimal täglich, zweimal täglich, nach Bedarf. Das Morphiumpflaster nicht weglassen! Es verwenden, nutzen! Es einfach nehmen. Ja, es verdammt nochmal nehmen! Aus der schmalen Packung fischen, den Klebestreifen vorsichtig abziehen, das Pflaster unter der Schulter anlegen und andrücken. Sogar in den letzten Wochen, als die Schmerzen ihn keine Nacht durchschlafen ließen, hat er darauf verzichtet. Sein Verstand war ihm wichtiger, seinen klaren Verstand wollte er behalten, um den bangte er, um den sorgte er sich, den konnte er nicht aufs Spiel setzen. Die Klarheit in seinem Kopf aufzugeben, sie zu vernebeln – für ihn undenkbar.

Aber woher meine Scham? Es ist die eine Woche, die an mir frisst, in der ich ihn nicht besucht, nicht gesehen, in der ich nicht mit ihm gesprochen habe, sie stimmt diesen vorwurfsvollen Ton in mir an, stellt mich selbst vors Gericht, macht mich zu meiner eigenen Anklägerin. Auch in den nächsten Monaten, im ganzen nächsten Jahr wird das nicht nachlassen, es wird nicht weniger, nicht milder mit mir, diese sieben Tage werden mich verfolgen und sich zu mir durchschlagen, sie werden regelmäßig, in kurzen Abständen zurückkehren und sich vor mir aufstellen. Weil ich so kurzsichtig, so blind war, eine Woche verstreichen, sie ausfallen zu lassen, sieben Tage, die uns noch hätten gehören können, nicht zu füllen und zu nutzen, sondern unwiederbringlich vergehen zu lassen. Weil ich dumm und verschwenderisch war, von den wenigen Tagen, die uns blieben, sieben achtlos wegzuwerfen, sieben mal vierundzwanzig Stunden, die mir jetzt fehlen und im Rückblick eine Lücke reißen, Zeit, die ich ohne Not, ohne Grund weggegeben und verschenkt habe, obwohl ich über nichts Kostbareres verfügte, nichts Kostbareres hatte als Zeit.

Und mein Wutanfall auf der Straße. In der Mittagshitze vor dem Auto. Ich versuchte, meinen Vater zu überzeugen, mit mir zur Bank zu fahren, es ging um Vollmachten, um diese nervenraubenden Dinge, die ich erledigen wollte, schon um meiner Mutter zu ersparen, weinend in der Filiale ihrer Sparkasse stehen zu müssen, nur weil etwas übersehen, nicht getan worden war, so wie das andere Witwen erlebt hatten. Mein Vater war müde, er musste sich ausruhen, er war erschöpft und wollte nach Hause, er schüttelte den Kopf, hielt sich an seinem Stock fest, aber ich stand da und schimpfte. Ich konnte nicht aufhören, mit ihm zu schimpfen. Ich wollte nicht sehen, dass er keine Kraft hatte, ich wollte nicht verstehen, dass es nicht ging in diesem Augenblick, dass nichts weiter von ihm entfernt war als eine Unterschrift in einer Sparkassenfiliale. Ich wollte nicht sehen, dass er krank war. Irgendein Ventil in meinem Gehirn hatte sich geöffnet, irgendetwas machte das mit mir, irgendeine Blutzufuhr in meinem Geäder schäumte und lief über.

• • •

Wir suchen das Restaurant aus. Viel Aussuchen müssen wir nicht, es gibt im Ort nur zwei Gaststätten, nur eine bietet einen Mittagstisch an. Ein Familienbetrieb, seit Jahrzehnten hält er sich, im alten Dorfkern fügt er sich ins Gemäuer, bildet ein Dreieck mit Kirche und Friedhof, erst kürzlich hat der Sohn von den Eltern übernommen. Er hält das Monopol für Trauerfeiern, man muss zeitig reservieren. Freitags nach der Beerdigung sind alle Trauergesellschaften bei ihm, freitags nach dem Friedhof trocknet man sich bei Djuvec und Pljeskavica, bei Kaffee und heißem Slivovitz an einfachen Holztischen die Tränen. Ich esse mit meiner Mutter Probe, wir können die Vorstellung nicht ertragen, an einer langen Tafel unter Menschen zu sitzen, die an etwas Ungenießbarem kauen. Während vor den Fenstern Straßen und Häuser im Mittagsschlaf dämmern und die Bäume noch immer auf Wasser warten, lassen wir uns Fisch und Fleisch bringen, Salat, Gemüse. Der Wirt spendiert zwei heiße Slivovitz, seine Stirn ist schweißgesprenkelt von Arbeit und Hitze, er stellt die Gläser auf den Tisch und drückt sein Beileid aus. Er trifft den richtigen Ton, es klingt einfühlsam und echt, nicht übertrieben, nicht aufgesetzt, auch nicht mechanisch, einfach einfühlsam, freundlich und echt. Es gibt diese Tonlagen, mittlerweile kann ich sie heraushören, filtern und zuordnen. Ich kann die mechanische Beileidsbekundung von echtem Mitgefühl unterscheiden, in dieser vielschichtigen Klaviatur des Beileids, in den unzähligen Abstufungen zwischen Intensität und Gleichmut, in dem Zusammenspiel von Blick, Stimme und Berührung. Es gibt falsche Tonlagen zum falschen Gesicht, es gibt falsche Tonlagen zum richtigen Gesicht und umgekehrt, und es gibt das richtige Gesicht zur richtigen Tonlage.

• • •

Jeden Morgen versuche ich, mir die Beerdigung vorzustellen. Freunde sagen, sie hätten bei diesem Anlass durchgeweint und nicht hingeschaut. Eine Freundin erzählt, sie habe im entscheidenden Augenblick die Trauerhalle verlassen. Ja, einfach verlassen. Alles ist erlaubt, sagt sie, aufstehen, weggehen, durchweinen, zusammenbrechen. Es läuft technisch, mechanisch, sagen andere, wie ein sich von selbst abspulender Film, in dessen Szenerie man vom Rand als Komparse zusieht und eigentlich nichts zu tun braucht. Alle sagen: Es geht vorbei, und irgendwie überstehst du es. Also wache ich am Morgen auf und stelle mir die Beerdigung vor. Ich bleibe noch einen Moment im Bett liegen, starre zur Zimmerdecke und stelle sie mir vor. Ich gehe in die Küche, setze Kaffeewasser auf, schaue in den Garten, auf den neuen Sommertag, auf das neue Gelb im Laub, und stelle sie mir vor. Etwas Zeit bleibt mir noch, mich in Gedanken vorzutasten, mich dem Tag zu nähern, diesem Tag und mir darin. In Gedanken schlage ich die Bettdecke am Morgen der Beerdigung zurück und stehe auf, in Gedanken trinke ich meinen Kaffee am Küchenfenster und sehe in den Garten, taste mit meinen Blicken die Büsche, das Gras ab, in Gedanken ziehe ich später den schwarzen Trench über und trage unsere Blumen zum Auto. Ich polstere mich in Gedanken aus, damit ich durch diesen Tag gehen und ihn überstehen kann. In Gedanken versuche ich, mich an diesem Tag zusammenzunehmen, mich in ihm zurechtzufinden. Einfach nicht an ihm zu scheitern.

Ich fahre zur Trauerhalle, unter einem leuchtend blauen Himmel über die Autobahn Richtung Westen, an Höchst vorbei, immer mit diesem hohlen, matten Gefühl, sobald die Schilder für die Abfahrt Höchst auftauchen und an mir vorbeiziehen. Ich will die Trauerhalle schon gesehen haben vor jenem Morgen, ich will schon dort gewesen sein und sie in meiner Vorstellung verankern, ich will den Weg schon kennen, nicht dann erst nach ihm fragen, nicht suchen und tasten müssen. An jenem Morgen will ich blind dorthin fahren. Die Trauerhalle ist geschlossen, unter dichten, ins Gelb fallenden Baumkronen ein weißgetünchter Bau im schlichten Jugendstil, aus der Blütezeit der Farbwerke, als die Siedlungen im Frankfurter Westen entstanden. Ich lege meine Hände an die Glastür, stoße mit Stirn und Nase an. Dunkle Böden und Wände, schmucklose Kerzenhalter, eine Mischung aus Braun und Grau, ein trostloser Anblick.

Meine Pfarrerfreundin sagt mir später, die Trauerhallen sind oft würdelos, ein ungeliebtes, abgelegtes, vergessenes Stück der Stadtverwaltung. Wer nicht vorher schon furchtbar traurig war, wird es spätestens hier. Der Tod werde in die letzte dreckige Ecke abgeschoben, in welchen Kämmerlein sie sich manchmal vorbereiten müsse, sei unzumutbar. Vor dem Tod müssten wir doch Respekt haben, vor so etwas Großem wie dem Tod. Ich habe Angst, sage ich, dass sich eine Schleuse öffnet und ich mich nicht mehr werde beherrschen können. Das wird nicht geschehen, erwidert sie, dein Körper wird an diesem Morgen für eine Menge Adrenalin sorgen, verlass dich darauf. Denk ans Atmen, atme. Atme in den Bauch, nicht in die Brust, atme nach unten. Alle kriegen das hin, auch du kriegst das hin. Ein einziges Mal habe sie eine Trauerfeier unterbrechen müssen, weil die Mutter des toten Kindes nicht mehr konnte. Aber nach einer Pause ging es auch dort weiter.

• • •

Wir lernten viel von unserem Vater. Das freie Denken, den Mut, uns zu behaupten und durchzusetzen. Dass ein System immer aus seinen Menschen gebaut ist. Sie einen Entscheidungsspielraum haben. Manchmal winzig, ameisenklein, manchmal riesig, so riesig, dass er über andere Leben entscheidet. Wir wuchsen auf mit seinen Geschichten, wir vergaßen kaum ein Detail dieser fremden Welt, mit der wir selbst nie zu tun gehabt hatten, in die wir nicht gehörten. Mein Bruder merkte sich andere Wendungen, andere Winzigkeiten als ich, wir ergänzen einander, zusammen können wir vieles lückenlos zusammenfügen.

Als Soldat sollte mein Vater zu einer Einheit, die dem Staatsschutz zuarbeitete, Systemkritiker aller Abstufungen ausfindig machte und aushorchte, sie mit allen Methoden der Diktatur verhörte und brach, also schlug, trat, folterte. Sein Aufstellen in der Intellektuellen-Reihe hatte ihm diese Karte zugespielt. Es gab niemanden, an den er sich hätte wenden können, er hatte keine Fürsprecher, er war ein Befehlsempfänger, ein einfacher Soldat, er war verzweifelt, er war allein. In seiner Not offenbarte er sich dem Militärarzt, etwas musste er in diesem Mann gesehen, in ihm entdeckt haben, das ihn dazu brachte, seinen gesammelten Mut ausgerechnet vor ihm auszubreiten, weil es viel mehr war als ein Wagnis, schon das Aussprechen seines Anliegens stieß an Verrücktheit, an Selbstüberschätzung, an Anmaßung, an Frechheit. Der Arzt könnte ihn verraten, sein Verhalten sofort melden und alles zum Schlimmeren wenden. Aber mein Vater erklärte ihm, dass er unmöglich tun könne, was von ihm verlangt wurde, niemals. Ob er ihm nicht ein Attest ausstellen könne, um ihn zu befreien? Seinen regelmäßig zurückkehrenden Husten vielleicht, seine chronische Bronchitis als Grund nehmen, damit er nicht in die neue Einheit müsse? Der Arzt hörte ihm aufmerksam zu, hörte seine Bitte und schickte meinen Vater ohne Antwort, ohne Ergebnis ins Ungewisse, in eine Folge aus Tagen der Angst und Unruhe, des Zweifels. Mein Vater wurde bald zu seinem Hauptmann bestellt. Der überreichte ihm sein Attest mit großem Bedauern. Es befreite ihn nicht nur von dieser Einheit, sondern vom Militärdienst. Mein Vater tat überrascht, er tat enttäuscht. Seinen Retter sah er nie wieder.

• • •

Die Trauerfeier ist unser letztes Zusammenkommen, unsere letzte Möglichkeit von Nähe. Sie ist die letzte große Zäsur, bevor wir endgültig auseinanderdriften, uns loslassen und freigeben müssen. Wir stehen an diesem Morgen mühelos auf, alles surrt und läuft, wir teilen uns das Bad, die Küche, den Tisch, trinken einen schnellen Kaffee, versuchen, etwas zu essen. Keiner beginnt zu weinen, nicht einmal ich beginne zu weinen, das angekündigte, versprochene Adrenalin muss es sein, das sich jetzt durch meine Nerven bewegt, meine Adern freipustet und freischlägt, Blutdruck, Herz, Puls und Muskeln, alles arbeitet für mich. Wir sind pünktlich bereit, zwei Minuten vor der Zeit, die Kinder, die Erwachsenen, alle in schwarzer Kleidung, in Anzügen, Hemden, Kostümen und Schuhen in Schwarz, wir steigen mit unseren Kränzen und Blumen in zwei Autos und fahren los. Keine übertriebene Hitze heute. Kein Tag, der diesen Film aus Staub und Schweiß auf unsere Haut legt, sobald wir das Haus verlassen, die Mischung dieses ewigen Sommers. Ein sonniger, klarer Morgen. Über uns ein mildblauer Himmel.

Ich bin nicht nervös, ich habe das in meinem Kopf unzählige Male durchgespielt, an jedem Tag der letzten Wochen viele Male, es hat die Bäche, Flüsse und Ströme meiner Gedanken gefüllt, es hat sie ausgemacht und bestimmt, ich kenne es also, ohne es wirklich getan oder gesehen zu haben, kenne ich es schon. Vielleicht ist es deshalb nicht zu schlimm, es ist geradezu ein Glück, die altvertrauten Gesichter zu sehen, alle, die auf dem kleinen Parkplatz aus ihren Autos steigen, winken, näherkommen und uns umarmen, alle, die sich vor der Trauerhalle schon versammelt haben. Die Gesichter meiner Kindheit sind an diesem Morgen ein Trost, in ihnen spiegelt sich auch mein Leben, in ihnen sehe ich auch mich wieder. Die Erwachsenen, an deren Tisch, auf deren Schoß ich als Mädchen saß, die Kinder, mit denen ich aufgewachsen bin, meine Mit-Fußballer, Kletterkameraden, Monopoly-Spielgefährten, heute mit grauen Schläfen, im dunklen Anzug und Kostüm. Freunde, die gekommen sind, um mich zu stützen, zu halten, alte Freunde, die meinen Vater schon als Kinder kannten, und neue Freunde, die ihn als alten Mann kennenlernten, alle zeigen mir, auch wir sind da, wir sind bei dir, wir gehen diese letzten Schritte mit dir zum Abschied, du musst sie nicht allein gehen.

Meine Cousine aus dem ungarischen Paradiesgarten wartet schon vor der Trauerhalle, die Augen hinter einer dunklen Brille, meine Verbündete in diesem Sommer, in diesem Sterbejahr. Sie ist durch die Nacht gefahren, mit Bruder, Freund und Tochter, von Budapest über München nach Frankfurt, um pünktlich am Morgen hier zu sein. Ausgeschlossen, die weite Reise nicht auf sich zu nehmen, ausgeschlossen, nicht zu kommen und jetzt, in diesem Augenblick, nicht hier zu sein. Sie braucht diesen Abschluss, muss es sehen und begreifen, sonst findet sie keine Ruhe, hat sie gesagt. Sie braucht das Ende dieser Erzählung, die vor drei Monaten in ihrem Paradiesgarten begann. Sie braucht dieses letzte Stück, den letzten Satz, das letzte Bild, den letzten ausklingenden Ton.

Es ist das Fest meines Vaters, vielleicht kann ich es so sagen. Auch wenn er fehlt, ist es sein Fest. Auch wenn wir ihn nur unter schwarzem Trauerband auf einem Foto in einem Blumenmeer sehen. Alle sind gekommen, um etwas hierzulassen, in diesem Raum, zwischen diesen Blumen zu lassen, es wegzugeben, meinem Vater mitzugeben. Um zu zeigen, wir haben dich gekannt, gemocht, geliebt, wir waren Teil deines Lebens, du warst Teil unseres Lebens, unsere Leben waren verbunden, verflochten, lose oder aber unauflöslich. Auf allen Trauerfeiern davor dachte ich, Gottseidank muss ich nicht in dieser ersten Reihe sitzen, Gottseidank bin nicht ich es, die in dieser ersten Reihe sitzen muss, und hatte mir jedes Mal vorgestellt, wie es wäre, wie man es aushalten könnte, dort sitzen zu müssen. Jetzt, heute, hier, in dieser Halle, die Himmel und Sonne aussperrt, in dieser halben Stunde, ist es mir zugeteilt, für mich vorgesehen, heute trifft es mich, heute liegt es an mir. Heute bin ich es.

Das Lied vom traurigen Sonntag hat meine Mutter ausgesucht, gesungen von Pál Kalmár. Komponiert im Geburtsjahr meines Vaters, 1933. Im Spielfilm, der um dieses Lied gebaut ist, trägt das Liebespaar die Namen meiner Eltern: Ilona und László. Sofort hatte meine Mutter das ausgespuckt, als wir vom Bestatter nach der Musik gefragt worden waren. Obwohl ihr Kopf sonst nicht mehr zu ihren, zu unseren Diensten arbeiten konnte, jeden Gedanken, jeden Satz ausbremste, blockierte, schluckte, schredderte und nicht zuließ, sich mit Sätzen einfach nicht mehr auskannte, über Nacht vergessen hatte, wie sie gebaut und vorher gedacht, zum richtigen Zeitpunkt auf die Lippen gelegt und ausgesprochen werden – in dieser Sache hat er klar und schnell gearbeitet, diese Strecke hin zu diesen vier Wörtern ist ihm mühelos gelungen: Kalmár Pál, Szomorú vasárnap. Der Text ist unerträglich, auch ohne Toten, ohne Trauerfeier wäre er unerträglich, selbst zu Hause auf der Wohnzimmercouch, an einem sorglosen Tag, gefüllt mit Leben, wäre er vollkommen unerträglich. Das Sterben, der Tote, die Blumen – all das wird besungen, all das passt. Utolsó vasárnap kedvesem gyere el. Liebste, komm an diesem letzten Sonntag. Ich versuche, nicht auf diesen Text zu hören, die Worte auszuschalten, sie von mir wegzuschieben. Pap is lesz, koporsó, ravatal, gyászlepel. Alles wird auf dich warten: Pfarrer, Sarg, Bahre, Totengewand. Mir selbst vorzutäuschen, sie haben nichts mit mir zu tun. A virágos fák alatt utam az utolsó. Auf meinem letzten Weg unter Bäumen. Mir einzureden, ich sitze in dieser Trauerhalle, zwischen meiner Mutter und meinem Sohn, und nichts davon hat mit uns zu tun. Nyitva lesz szemem hogy még egyszer lássalak. Öffne ich meine Augen, um dich einmal noch zu sehen. Aber schon die ersten Glockenschläge im Lied, die ersten Takte reichen aus, Pál Kalmárs Stimme zerplatzt und zerfließt auf meinen Poren, schiebt sich unter meine Haut wie Flüssigkeit aus einer Ampulle, die jemand aufgedreht hat, obwohl ich es verboten, obwohl ich darum gebeten hatte, es nicht zu tun.

Sein alter Freund Zsolt, wie mein Vater 1956 während des Aufstands in Budapest auf einen Zug Richtung Westen gesprungen, sagt mir draußen unter Kastanien, endlich eine Trauerrede, in der kein Wort gelogen war, und wir müssen lachen. Auch das ist möglich, auch das gelingt mit meinem Vater: auf seiner Trauerfeier, bevor es an sein Grab geht, einmal laut mit ihm zu lachen. Unser Corso zum Friedhof setzt sich in Bewegung, unser Weinen hat eine Pause, nimmt sich eine Auszeit. Bevor wir ins Auto steigen, umarmen wir einander, holen Luft, werden die nassen Taschentücher los, atmen durch und strecken uns, ein bisschen wie Läufer nach einem fordernden Sprint, die halbwegs passabel durchs Ziel sind. Später auf dem Friedhof stehen wir hinter dem Baugerüst der Trauerhalle, an der sich noch immer nichts getan, nichts verändert hat. Die Sonne leuchtet, der Himmel ist blau, die Friedhofsbäume wispern und säuseln, auch wenn der Regen ausbleibt, haben sie den Sommer überwunden. Die Ungarn bewundern die gepflegten Wege, das Grün, das der Sommer übrig gelassen hat, das Parkähnliche und Großzügige eines deutschen Friedhofs. Das Warten hilft, das in die Länge gezogene Beerdigen, die unterbrochene Trauer, die Aufteilung auf zwei Orte, die den richtigen Abstand zueinander haben. Keiner schweigt, jeder möchte etwas sagen, alle reden, gedämpft, aber zwanglos, mein Bruder und ich gehen durch die Reihen. Eine Freundin wird mir Wochen später sagen, das war ein schöner Tag. Es klingt verrückt, und doch stimmt es, ja, es war ein himmelblauer, sonniger Tag, an dem wir auf diesem Friedhof Abschied genommen haben.

Erst der Grabmacher zerschneidet unsere Stimmen, als er wie aus dem Nichts auftaucht und im Schatten der Bäume zu uns herabschreitet. Er nimmt seine Mütze ab, verbeugt sich vor der Urne, nimmt sie auf, und wir folgen ihm über den schmalen Kiesweg, an diesem warmen, frühen Herbsttag, der so tut, als sei noch immer Sommer, reicher, überbordender Sommer. Ein letztes Mal zeigt mein Vater mir, was und wer ich bin, woher ich bin und welchen Weg ich bislang gegangen bin. Ein letztes Mal sammeln sich die Stationen unseres gemeinsamen Lebens und stellen sich vor mir auf, spiegeln sich in den Gesichtern und Stimmen, im großen Halbkreis aus Menschen. Ein Halbkreis, der am Grab hinter mir steht und mit gesenkten Köpfen das Vaterunser spricht. Für mich. Ich kann es nicht sprechen. Nur das Ende. Denn dein ist die Herrlichkeit, in Ewigkeit.

Zu Hause streifen die Kinder sofort die dunkle Kleidung und guten Schuhe ab. Am Grab haben sie noch herzerweichend um ihren Großvater geweint, aber jetzt ziehen sie kurze Hosen und Turnschuhe an und jagen mit dem Fußball in den Garten, stecken ein Feld ab und spielen. Das Leben geht weiter, die Kinder zeigen uns, wie es geht, wie man das Leben wieder aufnimmt und vorantreibt, mühelos und leicht, frei von Bürde. Mein Vater hatte es geliebt, sie so zu sehen, ihnen beim Spiel zuzuschauen – eine seiner Glücks- und Lebensquellen. Wir sitzen im Garten in der letzten Sonne des Tages, der Himmel will ins Abendrot gleiten. Die Kinder jauchzen, lachen, rennen, springen – und stimmen sie lautstark wieder an, die Melodie und Tonspur des Lebens.

. . .

Die Friedhofsgänge danach sind Verabredungen, stille kleine Verabredungen, immer wieder Abschiede, neue Abschiede, Teile des großen Abschieds, mit denen wir uns in die Endgültigkeit hineinarbeiten, in unser Nie-wieder begeben, unser Nie-mehr. Langsam verstehen wir, es ist so. Langsam fassen und begreifen wir, es ist die gültige Wahrheit. Von heute, von jetzt an ist es unsere Wahrheit, die Wahrheit, die sich nicht zu unseren Gunsten bewegen wird, an die wir ab sofort gebunden, der wir unterworfen sind. Es fällt mir leicht zu glauben, mein Vater lässt den Sommer nicht enden, für uns richtet er ein, dass der Sommer in diesem Jahr nicht aufhört, er sorgt dafür, dass wir auf dem Friedhof nicht frieren und keine nassen Füße kriegen, meine Mutter täglich dorthin kann, ohne einen Schnupfen zu bekommen, ohne sich zu verkühlen, dass sie über Stunden am Grab stehen, auf der Bank sitzen und auf diese letzte bescheidene, stille Art bei ihm sein kann.

Ich wundere mich, dass ich die Beerdigung hinter mir, dass ich sie überlebt habe. Ich hatte gedacht, etwas in mir müsste aufhören zu arbeiten, zu sein. Also wiederhole ich es für mich, halte die Hände wie einen Trichter an meinen Mund und rufe mir selbst zu, hey, es liegt hinter dir, du hast es überlebt! Und lebst weiter. Geh zum Spiegel und überprüf es, sieh, die Dinge in dir springen an, sie haben nicht aufgehört, sich zu bewegen, deine Arterien versorgen dich, deine Synapsen schalten, geben Kommandos und empfangen sie. Du redest und hörst, du schläfst ein, wachst auf, du atmest, hältst den Atem an, du stehst an der Tür und schaust den Kindern nach, wenn sie aufs Fahrrad steigen und an der Ecke verschwinden. Wie immer verrichtest du diese banalen Dinge, schmierst Brote, kochst Kaffee, schälst Kartoffeln, bringst den Müll zur Tonne und wirfst den Staubsauger an, wie immer ziehst du an diesen Eckpfeilern deines Alltags vorbei. Ja, sie stehen noch.

Freunde umarmen mich jetzt anders. Oder bin ich es, die anders umarmt? Fester, länger? Als würde ich versinken und müsste mich festhalten, hochziehen. Noch immer schrecke ich auf, sobald die Sirenen der Ambulanzen durch die Luft, den Lärm der Stadt schneiden. Sobald ihr flackerndes Licht sich in meinen Rückspiegel setzt, das Ameisenkribbeln des Bluts in meinen Händen. Ich habe noch nicht begriffen, das ist nun für uns vorbei, ich bin nicht mehr gemeint, mir gilt es nicht mehr, ich habe nichts mehr damit zu tun. Ich sollte aufatmen. Nachdem ich in den letzten Monaten immer gemeint war, nachdem es immer um uns ging, nachdem unsere letzten Monate von Ambulanzen, Sirenen und Blaulicht zersägt waren, habe ich jetzt Pause.

Ein Freund schreibt mir, ist es nicht das traurige Los aller Kinder, eines Tages ihre Eltern zu verlieren? Unser Schutzwall bricht ein, der sichere Platz verschwindet, der uns ohne Gegenleistung zustand. Auch unsere kleinen Alltäglichkeiten verschwinden, die Vaterzeiten meines Tages sind leergeräumt: unsere kurzen Telefonate, unsere Sieben-Minuten-Gespräche, nur, um sich des anderen zu vergewissern, um zu zeigen, es gibt uns, wir sind da. Sieben Minuten, die so ein Tag manchmal abwirft, zufällig bereitstellt und übrig lässt. Wenn ich anrief, um zu sagen, schöne Grüße von der Autowerkstatt, sie wechseln gerade die Reifen, schöne Grüße vom Fußballplatz am Sonntagmorgen, es regnet und hat drei Grad, aber wir führen mit zwei Toren, schöne Grüße vom Bahnhof X, meinen Anschlusszug habe ich soeben verpasst und sitze am Gleis, schöne Grüße aus dem Hotel Y, gleich muss ich weiter, ich schaue auf diese Kirchturmspitze, auf dieses Portal, auf dieses Fenster, das kennst du doch. Es gab viele Gelegenheiten, Lebenszeichen zu verpacken und abzuschicken. Lauter kleine Beweise, dass wir einander verbunden waren, etwas entdeckt hatten und mitteilen wollten. Selten hat mein Vater meinen Namen gesagt. Mein Kind hat er mich genannt, ja, das war naheliegend, aber wer sagt das schon? Hallo, mein Kind, wie geht es dir, mein Kind, schön, dass du dich meldest, mein Kind, tschüss, mein Kind, pass auf dich auf, mein Kind. Meine Mutter sagt das nicht. So nennt mich nun niemand mehr.

• • •

Mindestens einmal im Laufe des Tages weine ich. Einmal erwischt es mich. Meist morgens, wenn der Tag vor mir liegt, obwohl ich doch da ausgeruht und am Anfang, nicht bereits am Ende meiner Kräfte sein müsste. Es geschieht auf dem Fahrrad, viel zu oft auf dem Fahrrad, wo ich keine Hand frei habe, um die Tränen wegzuwischen und nach einem Taschentuch zu suchen, vielleicht ist es das Gleitende, Fliegende, Leichte der Bewegung, das es auslöst, beim Brötchenholen geschieht es, in der U-Bahn, am Parkscheinautomaten, in der Schlange an der Supermarktkasse, zwischen Kaugummis und Zigaretten. Überall kann es mich anfallen, ich bin ohne Schutz, ohne Sicherheit, ich bin auf beunruhigende Art wehrlos, auf eine Art ausgeliefert, jeder Fremde, jeder Dahergelaufene kann sehen, mit mir ist etwas nicht in Ordnung, etwas stimmt mit mir nicht. Die Trauer hat mich eingewickelt, ich kann sie nicht abstreifen, auch wenn ich gehofft hatte, mir würde es nach der Beerdigung besser gehen, sie würde etwas lösen, abschließen und beenden, ein Gefühl des Dazwischen nicht fortsetzen. Aber was setzt sich nicht fort? Nur die Hoffnung, mein Vater ist gar nicht tot, dieser winzige Rest an Selbstbetrug, an Lüge und Gaukelei, an Möglichkeit, es könnte anders sein, ich könnte morgen aufwachen, und es wäre anders. Diese Hoffnung setzt sich nicht fort. Die Trauer kommt erst jetzt, nach der Trauerfeier. Davor waren wir beschäftigt, sind gegen die Zeit gelaufen, davor hatten wir alle Hände voll zu tun. Wir mussten das Grab aussuchen, die Platte, die Blumen. Wir mussten Formulare unterschreiben, Sterbeurkunden verschicken, Schubladen, Schränke und Ordner durchforsten, Verträge kündigen. Die ec-Karte meines Vater zurückgeben. Seine PIN vergessen. Uns nicht länger merken, wie sie sich zusammensetzte. Die ersten beiden Zahlen vergessen. Das Jahr, in dem meine Eltern geheiratet haben, 58. Die letzten beiden Zahlen vergessen. Das Alter, das mein Vater erreichen wollte, 92.

Jetzt, da alles getan ist, kann die Trauer übernehmen, unsere Tage fluten und überschwemmen, gegen unsere inneren Schleusentore drängen, bis sie nachgeben und aufspringen. Meinen Vater nie mehr sehen, fühlen, hören, riechen? Sogar krank hat er gut gerochen, sogar im Krankenhaus, wo er durchtränkt von Krankenhausgeruch hätte sein müssen, von dieser Mischung aus Desinfektionsmitteln, fadem Essen und verbrauchter Luft. Wenn ich ihn begrüßt, wenn ich mich verabschiedet und ihn auf die Wangen geküsst habe, fand ich, er riecht noch immer gut, trotz Klinik, trotz Krankheit, trotz Tumor, trotz all der Dinge, die sein Körper mit ihm anstellt, die er mit ihm anrichtet, die er ihm antut. Die Szenen des letzten Jahres holen mich ein, mein Hirn sendet die gleichen Bilder und Signale in einer Art Dauer- und Endlosschleife. Es schenkt mir keine Ruhe, kennt kein Mitleid, da ist etwas in meinem Kopf, das ohne mein Zutun, mein Wollen auf die Repeat-Taste drückt und diese Szenen abspielt. Unser Starren aufs Szintigramm, auf das von Flecken übersäte Skelett. Die Diagnose vor dem Fenster zur Höchster Altstadt, dem Brei aus Dächern, Straßen und Schloten – unser wiederkehrender, immergleicher, kaum wechselnder Ausblick in dieser Zeit, erst ein weißer Himmel über einer grauen Winterstadt, dann ein blauer Himmel über einer glühenden Sommerstadt. Die wenigen Sätze der Ärztin ohne Empathie, das Wort »unheilbar«, ihr »derisso«. Die Aufforderung sieben Monate danach, eine Entscheidung zu treffen: Sterben gleich oder etwas später? Sterben jetzt oder mit Verzögerung, mit Aufschub? Alles liegt hinter mir, aber noch scheucht es mich auf, noch lange wird es mich aufscheuchen. Wenn das Telefon klingelt, fahre ich zusammen, weil ich denke, ich muss etwas entscheiden. Ich muss mir etwas anhören, über das ich dann entscheiden muss – obwohl es längst entschieden, längst vorbei ist.

Jeder beschreibt diese Zeit anders, aber im Grunde ist sie überall gleich. Also, die Essenz des Gefühls ist überall gleich. Ihr Sud, ihr Sirup. Jedes Ende ist grausam, ja. Auch bei meinen Freunden, die ihre Eltern schon verloren haben, war jedes Ende grausam. Der Vater, der vor Schmerzen so laut schrie, dass man ihn auf der Straße hören konnte. Die Tochter, die ihm schließlich das Morphium spritzte, weil sie nicht länger auf den Arzt warten konnte, weil eine weitere Minute unter diesen Schmerzen nicht zu ertragen war. Die Mutter, die ihre Chemo überstanden hatte, plötzlich zusammenbrach und innerhalb weniger Stunden starb. Der Vater, der während einer Bootsreise einen Herzanfall erlitt, die Tochter, die erst Stunden später auf ihrem Handy sah, zwanzig Anrufe in Abwesenheit, und sofort ahnte, was geschehen war. Der Vater, der vor der Haustür auf dem Weg zum Auto umfiel und sofort tot war. Die Mutter, die in ihrem Pflegebett im Wohnzimmer die Finger in den Arm ihrer Tochter krallte und um Morphium flehte, der weiße Sack aus Kunststoff, in den ihr Leichnam gelegt und der zugezogen wurde. Alle kennen die nächtlichen Anrufe, die Fahrten über leere Autobahnen, wie durch eine Zeitschleuse ohne Geräusch, ohne Ton, durch eine Bildergalerie, bestückt mit den Szenen der letzten Tage und Monate, vielleicht Jahre, das dumpfe Gefühl, den Schwindel und Taumel im Kopf, das innere

Brennen, an einer Stelle über dem Bauchnabel, die eiskalten, nassen Hände. Alle haben es so erlebt, alle wissen, jedes Ende ist grausam.

Nur die Zeit davor haben wir in der Hand. Die letzten Tage mit Leben füllen, so gut es geht, so viel davon noch da, so viel noch abzurufen ist – nur das ist möglich. Das Studium unterbrechen, Großstadt und Arbeit aufgeben, in den Heimatort zurückkehren und in den letzten Monaten da sein, sie nicht versäumen. Eine Journalistin erzählt mir, sie ist mit ihren Geschwistern ins Krankenzimmer der Klinik gezogen, um die letzte Nähe, die letzte Möglichkeit zur Nähe nicht verstreichen zu lassen. Als sie wussten, ihr Vater habe nur noch wenige Tage, schlugen sie dort ihr Lager auf, schliefen auf ihren Isomatten, wachten und saßen an seinem Bett, an seiner Seite.

• • •

Auch mit Herbstbeginn hört der Sommer nicht auf, es ist der heißeste, längste Sommer seit Jahren. Ich sitze oft draußen und bilde mir ein, mein Vater hat das so gewollt, das sind die Dinge, die mein Kopf jetzt denkt, zu denen er bereit, für die er empfänglich ist: Mein Vater richtet es so für mich ein, damit ich es warm habe, damit ich ohne Schuhe und Strümpfe auf der Terrasse liegen kann, auch am Abend. Ich schaue zum Himmel: scharf umrissene Mondsichel, dahingeworfene Sterne und überschnappende Farben im Abendrot, mein Vater schickt seine Grüße, es ist sein Gruß an mich, er hat diesen Abendhimmel für mich entworfen, diese Rottöne um diese Sichel gemalt, er will mir diesen Himmel zeigen, mein ganzes Staunen, alle Möglichkeiten meines Staunens auf diesen Himmel lenken. Ich versuche, mir seinen Himmel vorzustellen, wo er beginnt und was mein Vater dort wohl anstellt, womit er sich die Zeit vertreibt, wie er seine Ewigkeit füllt, ob er sie überhaupt als Ewigkeit begreift oder jede Vorstellung von Zeit für ihn in der Vergangenheit liegt, überflüssig geworden ist. Ob es ihm gelingt, an uns zu denken, ohne dass es weh tut, ohne dass es diesen Druck auf der Brust gibt, dieses dumme Ziehen im Hals. Ob er überhaupt an uns denkt. Ob das noch eine Kategorie für ihn ist: wir.

Ich male mir den Ort aus, an dem er jetzt ist, irgendeine Art von Ort, von Platz, von Stelle, von Raum wird es doch sein. Ich versuche, ihm eine Farbe zu geben, eine Kontur, einen Klang. Vielleicht sitzt mein Vater auf einer Tribüne und sieht noch einmal die besten Fußballspiele aller Zeiten auf einem feuchtgrünen Rasen, vielleicht spielt er mit Ferenc Puskás in einer Mannschaft, mein Vater ruft Feri!, und Puskás liefert ihm die entscheidenden Pässe – und umgekehrt, sie klatschen sich ab, umarmen sich, laufen weiter. Er trifft die toten Freunde, die er schon vor Jahren verloren hat, die von ihm weggerissen wurden, er sitzt mit ihnen im Café, in der Sportbar, im Wirtshaus, bestellt eine Runde Soproni für alle, mischt ungarische Karten und teilt aus, Schelle, Eichel, Grün, Herz, bis zum Morgengrauen spielen sie Ulti. Vielleicht gibt es Bahnhöfe oder eine Idee von Bahnhöfen, aber die Züge stehen, sie fahren nicht ab. Niemand muss mehr an Gleisen Abschied nehmen, man kennt keine Abschiede, Abschiede kommen nicht vor, sie sind nicht mehr vorgesehen. Er begegnet Mutter, Vater, Bruder, sie sind vereint und alterslos, sie haben keine Schmerzen. Morgens gehen sie schwimmen im warmen See, der ohne Ufer ist und dessen Wasser nicht verdunstet. Kein Wind, der aufkommt. Keine Rettungsboote, wenige Schwimmer. Jeden Tag so eine gute Schwimmerei, so eine jó úszás.

• • •

Wir sind drei Freundinnen, um uns zu sehen, reisen wir aus drei Richtungen an, mieten ein Zimmer in Mainz, wo wir vor langer Zeit in einem Proseminar aufeinandertrafen. Wir schauen auf den Schillerplatz, unsere Fenster zeigen zum Fastnachtsbrunnen. Obwohl im Kalender der Herbst begonnen hat, riecht es nach Sommer und Hitze, der Brunnen ist ohne Wasser. Wir ziehen unsere Wanderschuhe an, lösen am Bahnhof Fahrscheine und gleiten mit dem Zug aus der Stadt, wo das Grün der Reben das Braun der Steine ablöst und der Himmel selbstverliebt übernimmt. Wir streifen durch die Weinhänge, durch Erinnerung und Gegenwart, über uns fast ohne Unterbrechung die Richtung Frankfurter Flughafen donnernden Flugzeuge, die nicht nachlassende Geschäftigkeit, der Lärm der Region. Wir sind die einzigen Wanderer an diesem Tag, der den Sommer weiter festhält, den Herbst wegschiebt, überhaupt die Vorstellung von kühleren Temperaturen, von Frost und Kälte und dicken Mänteln. Nach der ersten Steigung ziehen wir unsere Jacken aus und verstauen sie in den Rucksäcken. Oben in den Weinbergen tischen wir auf, die Sonne spielt mit wenigen Wolken, während wir beim Picknick reden von Leben und Tod, lachen und weinen. Selbst heute ist das Weinen nah, an diesem leuchtend hellen Tag, auf diesem Wanderweg durch Rheinhessen, unter den großen Farben dieses nicht nachlassenden, sich unermüdlich, weit in den Herbst hinein neu erfindenden, selbst beschwörenden Sommers.

Es ist das Jahr des Vatersterbens. Es ist der Herbst im Jahr des Vatersterbens. Anfang des Jahres ist der erste Vater gestorben. Er lag auf seinem Bett und wusste, es war so weit. Seine Tochter saß bei ihm, hielt seine Hand. Er hatte den

Tod erwartet, und als er nicht so schnell kam, die Augen geöffnet und gefragt, bin ich noch immer da? Meine Freundin sagt, seit beide Eltern tot sind, fühlt sie sich wie Treibgut. Wen soll sie jetzt anrufen, wenn sie irgendwo gut angekommen ist? Ich erzähle von der Entscheidung, die von uns verlangt worden war, ob Hospiz oder nicht, von der Forderung nach dem gestatteten, eingeleiteten, eröffneten Sterben, nach unserer Erlaubnis, unserem Okay, und obwohl es Wochen zurückliegt, greift es mit derselben Wucht nach mir wie an diesem Tag. Wir lassen Brot, Trauben und Käse stehen, nehmen die Taschentücher heraus und weinen. Der dritte Vater lebt noch, ist aber sehr krank. Im Juni habe ich auf seiner Taunusterrasse, in seinem Taunusgarten gesessen, die Kinder sind dabei gewesen, ein buntes, fröhliches Treiben um uns. Noch wissen wir nicht: Auch er wird in diesem Jahr sterben. Noch bevor es ausklingt, bevor es endet, wird er gehen. Zum Ende dieses Jahres sind wir alle vaterlos.

• • •

Es ist fast einfacher, wenn die Leute garstig sind. Schwierig wird es, wenn sie nett sind, weich wie sonst möglicherweise nie. Selbst der Reifenhändler an der Höchster Silostraße ist weich und freundlich. Gestern habe ich angerufen und gesagt, ich muss die Reifen abholen, ein Todesfall, und jetzt ist er weich und freundlich zu mir, und ja, natürlich erinnert er sich an meinen Vater. Einfacher wäre vielleicht, er wäre garstig. Das müsste nichts in mir berühren, nichts bewegen. So aber wird alles schwer, selbst das Abholen der Winterreifen. Vier Reifen, von denen jeder in Plastik verpackt ins Auto gelegt wird, treiben mir Tränen in die Augen, weil ich denken muss, jedes Jahr im Frühling und Herbst stand mein Vater auf diesem Gelände. Selbst der Abschied von Dingen wird schwer, dieser seelenlose Kram, weil alles mit ihm stirbt, jeder Gang, jede Geste, jede Nebensächlichkeit, jede Spur durch den Alltag, alles stirbt mit meinem Vater, sogar sein alter Mercedes stirbt mit ihm. Nein, ich hänge mein Herz nicht an Dinge, sicher nicht an einen alten Mercedes und seine vier Winterreifen, auch nicht an die Mülltüte aus seinem Auto, das wir wenige Tage zuvor leergeräumt haben, die mein Vater irgendwann einmal in der Hand gehalten, in den Kofferraum gelegt hatte. Aber hätten wir sie benutzen sollen wie eine völlig normale Mülltüte? Einfach Müll hineinwerfen und zur Tonne bringen?

Ich verkaufe den Mercedes bei einem Händler an einer lauten Gewerbegebietsstraße, wo sich der Berufsverkehr täglich um die gleiche Zeit von der Stadt Richtung Land staut. Als ich die Papiere unterschreibe, fragt die Mitarbeiterin, ob ich alles herausgenommen habe. Ja, habe ich. Soeben auf dem Parkplatz noch die Kurt-Weill-CDs. Pascal von Wroblewsky singt Kurt Weill. Die Dreigroschenoper,

Lotte Lenya, Marlene Dietrich. Mein Vater liebte die Ballade der Seeräuber-Jenny, als Zimmermädchen eines Tages aufzutrumpfen und gerächt zu werden, ihr Kommando, alle! umbringen zu lassen. Die Mitarbeiterin geht zum Auto, um den Kilometerstand aufzuschreiben, als sie zurückkommt, legt sie eine CD auf den Tisch. Die war noch im Laufwerk, sagt sie. Johnny Cash. Amerika, die große Sehnsucht meines Vaters. Pazifikküste, San Diego, der Ort, von dem er nicht aufhörte zu träumen, seit er dort gewesen war. Gewänne er eines Tages im Lotto, gebe es für uns ein Haus am Pazifik. Für alle, die mit ihm dorthin wollten. Kinder, Enkelkinder, Neffen, Nichten. Zu Hause lege ich die CD ein, ich will hören, was mein Vater gehört hat. Now I taught the weeping willow how to cry, and I showed the clouds how to cover up a clear blue sky. Ich stelle mir meinen Vater in seinem alten Mercedes vor, wie er über Landstraßen fährt, über die Hügel und Waldschneisen des Taunus, zwischen Maisfeldern und dichtstehenden Akazien durchs Vámpalotaland, Cashs lässig zurückgenommene Stimme im Ohr. Wie die Lichter über ihm vorbeiziehen, den Weg zeigen und ausleuchten, wie sich der Himmel über ihm ausbreitet und allmählich ins Endlose wächst.

Als die Abmeldung seines Autos per E-Mail kommt, muss ich weinen, ja, lächerlich, verrückt und dumm, aber dieser Vordruck in technischer Sprache bringt mich zum Weinen, die Stichworte Abmeldung, fällige Gebühren, Stilllegung, anfallende Kosten, zuständiges Hauptzollamt. Mein Vater hat diesen Mercedes lange durch seine kleine Welt gefahren: Supermarkt, Einkaufszentrum, Garten, Freunde, Familie, wir, immer wieder wir, und durch seine große Welt: Berlin, Ungarn, Italien. Ständig stirbt ein weiterer Beweis dafür, dass mein Vater gelebt, dass es ihn gegeben hat, ständig verlangt das weiterziehende, nicht aufzuhaltende Leben nach neuen Todesbeweisen, und ich soll sie vorlegen, als könne es nicht genug davon geben, als sei es nie ausreichend, als gebe es dafür kein Ende. Ich soll Zettel, Briefe und Dokumente heranbringen und abzeichnen lassen, ja, tot, ja, glaubhaft, ja, gesehen, bewiesen, erledigt, hier, bitteschön, Ihr Stempel dafür. Ich scheue mich, den Anrufbeantworter abzuhören, ich habe Angst, die alten Nachrichten aus Versehen zu löschen – oder aber die Stimme meines Vaters zu hören, was schlimmer sein könnte. Ich habe Angst vor dieser lebendigen Stimme, vor der Stimme meines lebenden Vaters. Vor den Nichtigkeiten, dem Alltäglichen darin, dem wunderbar Alltäglichen, was den Stoff unseres Lebens so selbstverständlich, ohne Mühen und Aufregung, in Kleinstarbeit, mit winzigen, immergleichen Stichen zusammengenäht hat: Ruf mich zurück, wenn du Zeit hast. Wirf die Zeitung nicht weg, ich will diesen Artikel noch lesen. Wir sind gegen sieben da. Du hast deine roten Handschuhe bei uns vergessen – die gehören doch dir?

• • •

Meine Mutter lässt das Mansardenzimmer räumen, allein hat sie keine Verwendung dafür, sie braucht es nicht mehr, mein altes Jugendzimmer über den Platanenkronen, seit Jahrzehnten Gästezimmer, ein weiterer Speicher der Erinnerung. Die anliegende Kammer ist voller Dinge, die meine Eltern nie wegwerfen wollten, Motorradhelme, Skier und Skischuhe aus den Achtzigern, filigrane Bau-Modelle aus der Studienzeit meines Bruders, dösend unter Staubschichten. Mir war nicht klar, was Entrümpeln bedeutet, wofür dieses Verb, dieses Wort eigentlich steht: dass man die Fenster aufreißt, alle Möbel und Dinge aus dem vierten Stock wirft und nichts über die Treppen hinabträgt, dass keiner etwas schultert und sich die Mühe macht, es halbwegs unversehrt vier Stockwerke weiter unten zum Sperrmüll zu stellen, damit es jemand mitnehmen kann. Alles landet in Trümmern und Splittern vor dem Küchenfenster meiner Mutter. Sie muss mit ansehen, wie Polstersessel, Couchtisch, Klappsofa, Plattenspieler vor ihr aufprallen und auseinanderbersten. Als wäre noch einmal jemand gestorben, sagt sie. Als hätten wir noch einmal jemanden zu Grabe getragen.

Wir suchen nach einem Schlüssel zum Banktresor, was viel zu groß klingt, es ist bloß ein Schließfach in der Sparkasse, in dem sich außer einem Paar Manschettenknöpfe mit den Initialen meines Vaters und zwei Sparbüchern ohne Wert nichts, nein, nichts befindet. Vierhundert Euro, wenn wir das Schloss aufbohren lassen – also suchen wir. Wir sind zu neunt, wir sind drei Generationen, jeder nimmt sich einen Teil der Wohnung vor, Bücherregale, Vitrinen, Vasen, Geschirr, Kleiderschränke. Wir heben jedes Buch hoch, jede Tasse und Schale, den Deckel jeder Teekanne, wir tasten

Hosen und Jacken ab, schauen hinter Bilder, Uhren und Lampen, ziehen Schallplatten aus den Regalen, öffnen Dosen und Kistchen. Wir haben schon aufgehört, nach einem Schlüssel zu suchen, wir suchen nach Botschaften, Nachrichten, nach Hinweisen, wir werden erfinderisch und malen uns aus, was sich im Schließfach, in einem vergessenen Umschlag, in einem verschwiegenen Erb-Etui verbergen könnte. Der Schlüssel bleibt verschwunden, aber mein Neffe findet in einer Manteltasche eine vertrocknete Chilischote. Wie lange die wohl schon dort liegt und trocknet? Hat mein Vater sie geklaut? Vor seinen Füßen gefunden, aufgehoben und eingesteckt? Als Glücksbringer bei sich getragen? Er bringt uns zum Lachen, uns alle, die zum Suchen angetreten sind und sich auf Zimmer und Schränke, Leitern und Stühle verteilt haben, das war zu Lebzeiten seine Kunst, und jetzt, nach seinem Tod gelingt es ihm immer noch, sogar jetzt bringt er uns zum Lachen. Das ist, was er hinterlegt, für uns versteckt hat, was er hinterlässt und was wir heute finden sollten, es ist unser Erbschein, unsere Erbschaft, die wir antreten, und ja, auch annehmen: eine trockene Chilischote.

• • •

An meiner Laufstrecke durch die Niddaauen ist im Frühling eine junge Frau ermordet worden. Sie wurde mit mehreren Messerhieben niedergestochen, die Leiche hatte am Morgen ein Spaziergänger gefunden. Ein Fall, der viel Aufsehen erregt hat, auch weil es an einem öffentlichen Ort geschehen ist, der sonst Joggern, Walkern, den Laufgruppen der Sportvereine, Hundebesitzern und Müttern mit Kinderwagen gehört. Im Sommer brandete über diese Stelle ein Meer aus Blumen, Kränzen, Fotos und Kerzen, das Hitze und Sonne bleichten – ein farbenfroh welkender Garten inmitten dahintrocknender Wiesen und Bäume. Jetzt sind es nur noch zwei Kerzen, ein kleiner Blumenstrauß steckt in einer Vase, es gibt keine Fotos mehr. Nach einem halben Jahr zeugt wenig von diesem Überborden, der Strom aus Farben ist versickert, die Trauer weitergewandert. Im neuen Jahr wird auch dieser letzte Rest verschwunden sein, im Januar wird nichts mehr darauf hindeuten, dass hier jemand gestorben ist. Es wird keine sichtbaren Beweise geben, keine Aufforderung mehr, sich zu erinnern. Im nächsten Frühling wird das neue Gras grün und frisch wachsen. Hunde werden über die Wiese tollen.

• • •

Der erste Tag, an dem ich nicht weine, Sonntag, 28. Oktober. Erst am Tag darauf, am Montag, fällt es mir auf, als man mich fragt, wie geht es dir?, und ich antworte, gestern war der erste Tag, an dem ich nicht geweint habe, jetzt, da du fragst, fällt es mir auf. Der Himmel ist oft dramatisch in diesem Sommer, der sich ohne Mühen und Widerstand, ohne Einwände in den Herbst verlängert, als gäbe es keinen Wechsel der Jahreszeiten mehr, als wären alle Jahreszeiten in eine gemündet, zu einer zusammengewachsen, als gäbe es nur noch diese Jahreszeit: Sommer. Er reicht bis in den November, Sommertage gibt es selbst im November, Tage, die aussehen und sich anfühlen wie Sommer. Unverändert schwebt über der Stadt dieser hell leuchtende Veronese-Himmel, dieser pastell gepinselte Tiepolo-Himmel, und mir fällt es leicht zu denken, mein Vater verkleidet den Novemberhimmel für uns, bis spät in den November färbt er ihn blau und gelb und rosa, lässt kein Grau zu. An den Nachmittagen stehen wir oft an der Terrassentür, lehnen am Türrahmen, die Arme verschränkt, und schauen hoch. Sieh mal, sage ich, Grüße von Opa, und mein Sohn winkt zum Himmel. Er schießt ein Foto und nimmt es als Profilbild für sein Smartphone: ein in Rosarot und Goldgelb getauchter Opa-Gruß-Himmel, an den Baumspitzen tupfen.

Zsolt schreibt mir, lädt uns ein. Es gibt eine Abwehr in mir, den alten Freund meines Vaters zu treffen, seine Einladung anzunehmen, einen Tag, einen Abend für uns zu finden und festzulegen. Warum? Weil ich dann sehe, er lebt, mein Vater nicht? Sogar meinem Traum verweigert sich mein Vater, nachts klopft er nie an, um diesen geschützten Raum zu betreten, in dem alles möglich, alles erlaubt wäre, auch die Begegnung mit Toten. Oder ist es mein Traumkopf, der sich weigert, ihn hereinzulassen? Wache ich auf, ist mein erstes Bild immerzu die Beerdigung. Ich öffne die Augen und stehe auf dem Friedhof, unter dichten Baumkronen, die den Sommer überlebt haben. Ich sehe die altvertrauten Gesichter, die Blüten, das Blumenmeer. Aber die Nacht ist wieder traumlos geblieben. Am schlimmsten sind die Sonntagvormittage. Wieso ausgerechnet die, ist mir ein Rätsel, die haben wir doch nie zusammen verbracht. Vielleicht weil es der einzige Moment der Ruhe in einer schnellen Woche ist, der einzige Moment, in dem ich innehalte, durchatme, zum Nachdenken komme, ein Vormittag ohne Termin und Eile, ein Tag, der mit Stille beginnt. Aber was will ich? Mit dem Toten noch einmal sprechen können? Ja, vielleicht. Ja, warum nicht. Ja, sicher. Auf so einer Art facetime? Und wie würde ich die Zeit nutzen? Würde ich nicht nur weinen und klagen? Und wie dann auflegen? Wie unser Gespräch beenden? Das Reden fehlt mir. Es ist immer dieses Reden. Es ist das Reden, was mir fehlt. Das Reden ist es. Das Reden. Das Reden!

. . .

Zwei Freundinnen haben ihre Väter zur gleichen Zeit verloren. Drei Väter in drei Wochen. Wir teilen das Leid, es tröstet uns, wir sind ein Dreieck der Trauer, des Verlusts, ein Dreieck aus Schwarz, ein schwarzes Dreieck. In der Nacht vor der Trauerfeier für meinen Vater starb der dritte Vater, der Mann hinter der Glasscheibe im Hospiz. Während wir zum Friedhof hinausfuhren, saß meine Freundin schon im Flugzeug nach Istanbul, im Flugzeugbauch ihr toter Vater. Ich schlage vor, meinen Geburtstag in diesem Jahr anders zu feiern, eine Art Gedenkfest, Totenfest, Vaterfest. Also kochen wir die Leibspeisen unserer Väter und sitzen an einer festlichen Tafel, fast wie Weihnachten, mit Tischtüchern und geschliffenen Gläsern aus der Vitrine in Ungarn, die ich im Sommer in Papier gewickelt, ins Auto gepackt und über zwei Grenzen gefahren habe. Drei zusätzliche Gedecke für die Toten habe ich zwischen unsere Teller gestellt, mit Rosen und Kerzen, mit Gläsern, die wir später mit Wein und Wasser füllen. Niemand findet das albern, alle finden das gut, die Töchter sitzen noch einmal neben ihren Vätern, die Enkel noch einmal am Tisch mit ihren Großvätern, die Schwiegersöhne mit ihren Schwiegervätern. Sie sind hier, während wir über sie sprechen, sie ziehen durch den Raum, füllen die Luft, die wir atmen, sie sitzen, lachen und erzählen selbst, wir müssen nur zuhören, ihre Leben geben viel her, drei mal mehr als achtzig Jahre Leben und Bewegung, eine Generation, aber drei Lebenswelten, eine Generation, aber drei Blickwinkel auf Europa, drei Wege durch Europa, drei Lebensadern, drei Linien, drei Richtungen, drei Flüsse und ihre Wellenbewegungen, Bosporus, Donau, Neckar. Ein Mädchen beginnt zu weinen. Als wir die Gläser erheben und auf die Toten anstoßen, beginnt es zu weinen. Sonst weint niemand an diesem Abend. Heute ist kein Abend zum Weinen.

Mit meiner Mutter habe ich gestern den ganzen Tag in der Küche gestanden, den Eintopf aufgesetzt, Fleischbällchen, Lorbeerblätter und Pfefferkörner ins Sauerkraut gelegt, es hat mich beruhigt, ein Gericht aus dem Kochbuch meiner Großmutter zuzubereiten, es hat mich mit einem weit zurückliegenden, dennoch leicht abrufbaren Davor verbunden und gleichzeitig in meiner Welt, in meinem Heute verankert. Es gibt drei Gänge. Deutsche Pellkartoffeln mit Quark und Leinöl, ungarischen Sauerkrauteintopf, töltött káposzta, und türkischen Grießkuchen mit Zuckerwasser, Revani. Wir stellen die Kartoffeln nicht im Topf, sondern in einer Porzellanschale auf den Tisch, den Wein nicht in der Flasche, sondern in der Karaffe aus der ungarischen Vitrine. Wir sind uns einig, heute muss alles schön sein, heute alles nur schön, sagen wir. Jeder Gang schmeckt vorzüglich, selbst die Pellkartoffeln schmecken anders gut, ein Geheimnis liegt auf diesen Gerichten, etwas wurde ihnen beigefügt, mit etwas wurden sie bedacht, irgendeinen Dreh, einen Trick gibt es in dieser Auswahl und Folge, in der Zubereitung. Die Kinder essen brav, sogar vom Sauerkraut, und wir Erwachsenen stoßen immer wieder auf die Väter, Schwiegerväter, Großväter an, erst mit Wein, später mit Schnaps, und rufen jedes Mal laut ihre Namen: Auf Hans Jochen! Auf László! Auf Mustafa!

...

Seit dem ersten November lasse ich eine Kerze brennen, ein rotes Grablicht mitten im Zimmer. Steigen am Morgen die frühen Nebel, entzünde ich es. Kurz vor Mitternacht, wenn es ringsum still und dunkel ist, lösche ich es. Bei Tisch sagen wir, hier sitzt Opa, wir lassen diesen Platz frei für Opa, wir lassen Opa dort sitzen. Wir reden viel über die Toten dieses Jahr. Schon immer haben wir viel über unsere Toten geredet, aber jetzt ist es mehr geworden, die Toten sind immer bei uns. Sie sitzen an unserem Tisch, meine Mutter und ich widmen ihnen unsere Nachmittage, schenken ihnen unsere Abende und Nächte. Nur weil sie gestorben sind, hört das Leben mit ihnen nicht auf. November ist Totenmonat. Zum ersten Mal ist er für mich gemacht und meint mich, zum ersten Mal gehöre ich dazu, zum ersten Mal bricht seine Dunkelheit am frühen Abend für mich an. Dieser November ist für uns da. Dieser November ist unser Totenmonat.

Ich muss noch lernen, mir selbst zu sagen, es gibt diese Wirklichkeit, und du musst sie endlich begreifen, hör auf, dich zu sträuben, hör auf, sie weiter, in einer letzten, winzigen Bastion zu leugnen, so zu tun als ob. Als ob was? Als ob alles noch so wäre wie vor einem Jahr? Vor fünf Jahren? Zehn Jahren? Unser ganzes Leben verwenden wir darauf, den Tod auszusperren und fernzuhalten. Jeden Morgen schauen wir in den Spiegel, ohne den Tod mitzudenken, jeden Abend legen wir uns mit der Sicherheit ins Bett, am Morgen zu erwachen. Wir kreisen ums Leben, immerzu denken wir ans Leben, das sich Tag für Tag fortsetzt, ohne dass wir etwas zu unternehmen brauchen, ohne dass wir etwas veranlassen müssen. Und dann, eines Tages, sollen wir den Tod plötzlich anerkennen? Wir sollen zugeben, ja, er ist vorhanden? Es gibt Beweise, es gibt diese Tatsachen, die ich in den letzten Wochen nicht sammeln mochte und gegen meinen Willen doch gesammelt habe, einfach, weil ich vernünftig und erwachsen bin und der Lauf des Lebens es so von mir verlangt, kleine Wahrheiten und Belege, die ich nicht fassen mag, aber fassen muss, die mir beweisen und bestätigen, was ich tief in mir eigentlich nicht glauben will: Mein Vater ist tot.

Auch der Gedenkgottesdienst ist eine solche Wirklichkeit, ein weiterer Baustein des Begreifens, noch ein Beweisstück, das uns zum Unterzeichnen vorgelegt wird, hier bitte, Unterschrift auf der vorgezeichneten Linie, hier ist Ihr Stift. Allerseelen, Freitagabend, zweiter November. Die Gemeinde gedenkt der Verstorbenen des vergangenen Jahres. Es wird dunkel, Glocken läuten. Hoftore werden geöffnet, Jacken zugeknöpft, Schals festgezogen, Autotüren fallen zu, flüsternde Geschäftigkeit breitet sich aus. Viele ziehen durch die schmalen Gassen zur Kirche, um sich auf diese Art zu verabschieden, um diesen Teil des Abschieds nicht zu versäumen, nicht ungenutzt verstreichen zu lassen. Wir sind nur Gast auf Erden, singen wir, und wandern ohne Ruh. Ich bin unter Fremden, aber nicht allein, alle haben Schmerztage erlebt, sie sind in den Gesichtern abzulesen, die Gesichter zeigen sie unverhohlen, in den Bänken wird geweint, Taschentücher werden verteilt, Köpfe aneinander gelegt, wir singen, in diesen grauen Gassen will niemand bei uns sein. Die Namen der Toten werden verlesen, zu jedem Monat des vergangenen Jahres mehrere Namen, hinter jedem eine Kontur, eine mitgedachte Stimme, ein mitgedachtes Leben, jeder Name eine Leerstelle, eine Lücke, ein Vakuum, ein Verlust, ein Nichts. Für jeden Namen gibt es ein »Herr, Erbarme dich« aus unseren Reihen.

Eine verrückte Angst klettert in mir hoch, der Name meines Vaters könne falsch ausgesprochen werden oder, schlimmer noch, mein Vater könnte vergessen, er könne übergangen werden und das »Erbarme dich« für ihn würde ausbleiben – als wäre ausgerechnet das die Garantie für seinen Einlass ins Jenseits, seine Eintrittskarte in die schwebende Ewigkeit, wie immer wir sie uns vorstellen, wie immer ich sie mir ausmale. Einiges ist schließlich schiefgelaufen in diesem Jahr, ein paar große Dinge und ein paar kleine. Ich sehe mich schon bei der nächsten Beschwerde, aber dann wird sein Name nicht vergessen, auch nicht falsch ausgesprochen. Der Pfarrer sagt ihn laut und deutlich, und wir singen: Ist dann die Nacht vorbei, leuchtet die Sonn.

Wir überqueren die Straße, im Gemeindehaus brennen Kerzen, ich frage den Pfarrer, gibt es einen Kreis für Witwen, ein Treffen, eine Gesprächsrunde? Gibt es nicht, antwortet er schnell, einmal wurde es angeboten, aber nur wenige kamen, also hat man es gelassen. Ich denke: und für die wenigen?, was ist mit den wenigen?, sage aber nichts weiter, ich merke, ihm fehlt die Lust, eine Gruppe ins Leben zu rufen, in der meine Mutter ihr Leid teilen könnte. Aber es gibt solche Kreise, meine Pastorenfreundin bietet sie für Witwen an, deren Männer sie beerdigt hat. Erst weinen und jammern die Frauen zusammen, später ändert sich ihr Ton, ihre Stimmung, das Leben kehrt zurück, sogar die Lust daran, was niemand für möglich gehalten hatte, sie nehmen vergessene Pläne auf, entwerfen neue. Hier herrschen die alten Dorfstrukturen, sagt der Pfarrer, auch wenn es kein Dorf mehr ist, herrschen sie noch, niemand will Fremden seinen Schmerz zeigen, niemand will sich offenbaren.

Also trauert man wie immer, unverändert wie schon immer, man trifft sich auf dem Friedhof, man geht fast täglich. Meine Mutter jedenfalls geht jeden Tag hinaus, derselbe Weg, dieselbe Strecke jeden Tag, sie macht keine Umwege, geht keine Schleife, sie nimmt den kürzesten Weg, geradeaus, dann links, dann rechts und wieder links. Täglich hat sie eine Verabredung mit meinem Vater, die sechzig Jahre an seiner Seite muss sie fortsetzen, jetzt, da es keine andere Möglichkeit gibt, eben so. In ihrem Jeden-Tag-Modus ist sie geblieben, an ihrem Tagtäglich-Rhythmus hält sie fest, ihn gibt sie nicht auf, ihren Tag-für-Tag-Takt, den sie aus der Krankenhauszeit bewahrt und nicht abgelegt hat. Sie steht am Morgen mit dem Vorhaben auf, zum Friedhof zu gehen, deshalb macht sie ihr Frühstück, deshalb wäscht sie sich und kleidet sich an, deshalb kämmt sie ihr Haar, sprüht Parfüm auf die Gelenke und zieht den Mantel über, steckt Taschentücher ein und geht die Stufen hinab zur Tür. In Gedanken wenigstens kann sie so mühelos in seiner Nähe sein, sie braucht nur eine Steinplatte und eine Bank. Wer es zur Trauerfeier nicht geschafft hat, kommt jetzt zum Grab, selbst hier hat mein Vater Gesellschaft. Wieder stellt sich dieser Satz vor mir auf: Die Hinterbliebenen entscheiden. Wer bleibt, entscheidet. Die Vorstellung ist grausam, sein Grab wäre mehr als tausend Kilometer entfernt. Wie hatte er sich das gedacht? Heimaterde, ja. Mutter-und-Vater-Erde, ja. Großmutter-und-Großvater-Erde, ja. Aber wir? Was wäre mit uns?

Meine Mutter trägt zu ihren Verabredungen Schwarz, sie geht niemals zum Friedhof, ohne etwas Schwarzes zu tragen. Hat sie nichts Passendes dabei, wenn wir unterwegs sind, muss ich den Schlenker fahren und sie zu Hause absetzen, damit sie wenigstens einen schwarzen Schal, eine schwarze Jacke zum Überstreifen holen kann. Allein die Vorstellung bereitet ihr Unbehagen, ohne schwarze Kleidung über den Friedhof gehen zu müssen, als wären die Mauern und Bäume Zeugen und könnten es ausplaudern, an eine zuständige Stelle weitergeben, die sie später rügt. Sie hat neue Friedhofsbekanntschaften, sie sitzen nebeneinander auf der Bank und weinen, erzählen in Blickachse zur Gräberwiese. Ihre gegenseitige Fremdheit hat sich schnell aufgelöst, sie gießen ihre Trauer vor den anderen aus, keiner muss sich zusammennehmen. Demenz, Krebs, Sucht, jeder trägt seine Geschichte, jeder summt seine Schmerztöne. Sie teilen das Weinen und sagen einander, wein nicht so viel, lasst uns nicht so viel weinen. Der Friedhof ist ihr Treffpunkt, der Friedhof beherbergt ihren Club, die Friedhofsbank unter der Platane ist der Ort für ihren Gesprächskreis. Zu dritt kann man dort sitzen, rückt man enger zusammen, auch zu viert. Die neuen Freundinnen sagen zu meiner Mutter, die ersten Monate darfst du trauern, dann musst du wieder leben. Wir sind doch erst achtzig, wir müssen hundert werden!

• • •

Sonntag darauf besuchen wir den Gräbersegnungsgottesdienst auf dem Friedhof. Der Sommer strahlt in die Winkel des Novembers, die Erde ist aufgeladen von Hitze und gibt noch immer ab davon, noch immer hat sie Vorräte, die sie verteilen kann, ein Wärmespeicher unter dem Gras. Wir stehen vor dem Kreuz aus Sandstein, bilden einen großen Kreis, singen unter dem goldroten Blätterhimmel: Behüte uns Gott, sei mit uns in allem Leiden. Wieder werden die Namen der Verstorbenen verlesen, wieder höre ich den Beweis, mein Vater gehört dazu, er ist einer von ihnen. Der Pfarrer sagt es mir mit aller Sachlichkeit, in aller Unerbittlichkeit noch einmal, vor zwei Tagen hat er es mir schon gesagt, heute wiederholt er es, vielleicht bin ich dann irgendwann bereit, es auch zu glauben. Er liest den Namen meines Vaters, also muss es so sein. Also ist es so. Ja, er gehört zu den Toten.

Beim Vaterunser versagt meine Stimme, wie immer an dieser Stelle: und vergib uns unsere Schuld. Später steige ich wieder ein: denn dein ist die Herrlichkeit, in Ewigkeit. Zuerst werden die Priestergräber gesegnet, auch der Priester, der mich getauft hat, liegt hier begraben, meine Erinnerung an ihn ist wach, niemals hätte er ein Begräbnis anderen überlassen, die letzten Schritte zum Grab wäre er mitgegangen. Heute wollen alle den Segen fürs Grab, Pfarrer und Messdiener haben gut zu tun, aus jeder Ecke winkt, in jeder Gräberreihe wartet jemand. Der Segen ist umsonst, aber vielen ist er kostbar, auch wir stehen am Grab und winken, man darf uns nicht übersehen. Eine Freundin meiner Mutter geht im Zickzack und gibt dem Pfarrer Zeichen, damit er die Gräber derer segnet, die keine Hinterbliebenen haben. Gerade hadere ich nicht. Vor zwei, drei Sekunden habe ich aufgehört. In diesem Moment hege ich keinen Groll, jetzt, da die Blätter zu uns herabsegeln und kein Wind geht. Zum ersten Mal in diesem Jahr hadere ich nicht, spüre keinen Widerstand, kein Dagegen. Ich bin ruhig, stehe vor der Steinplatte mit dem Namen meines Vaters, warte auf den Segen und hadere nicht. Ich stelle Kerzen auf, entzünde sie, zupfe an den Blumen und hadere nicht. Auf dem Rückweg lachen wir, reden wir, jemand richtet sich zwischen den Gräbern auf und schaut zu uns. Die Freundin meiner Mutter sagt, still ist es doch hier genug, also lacht nur, redet nur, die Toten freuen sich!

Ich schlendere zum Auto durch die schmale Gasse zwischen Friedhof und Kirche, vorbei an ihren winzigen Häusern mit ihren spitzen Dächern, Arbeiterhäuser, Handwerkerhäuser, Kleine-Leute-Häuser. Wie Zwergenhäuser sehen sie aus, Zwergenhäuser an einem Zwergenweg. Ich spaziere über mein Kindheitspflaster, durch die Welt meines Heranwachsens. Hier wohnten Freunde, unter diesem Kirchturm, diesem schützenden Himmel feierten wir unsere Jugend, schoben unsere Fahrräder Sommer und Winter durch die engen Straßen, an diesen Dorfmauern zogen wir betrunken lärmend abends, nachts entlang, kletterten hoch und balancierten mit ausgestreckten Armen ohne Angst, fast schon bereit, aufzubrechen und für immer wegzugehen. Ich setze meine Brille auf und lese die Namen auf den Türschildern. Keiner der alten Namen steht hier noch, keiner.

Zu Hause googele ich einen Freund, der in einem dieser Zwergenhäuser wohnte. Sein Zimmerfenster zeigte zur Straße, jeder konnte sehen, ob er da war, ans Glas klopfen und durchs Fenster steigen. Ich konnte mit ihm ausgelassen durch den Schnee stapfen, in der Hand eine Flasche Wein, in Sommernächten neben ihm auf der Kirchmauer sitzen und aufs erste Licht am Morgen warten, sobald die Sonne aus den Feldern kroch. Wir haben uns aus den Augen verloren, ich habe immer gern an ihn gedacht. Ich finde eine Traueranzeige mit seinem Namen, halte es für einen verrückten Zufall, für eine Namensdopplung, aber das Geburtsdatum schließt das aus. Ich erinnere mich, ja, es war der Neujahrstag, der Tag nach Silvester, das Feuerwerk galt immer ihm. Mit 52 Jahren gestorben, er hinterlässt seine Frau und vier Kinder. Aus dem Leben gerissen, steht in der Anzeige. Das Jahr der Toten, der Todesnachrichten und Todesgrüße – es geht weiter, es setzt sich fort.

• • •

Irgendwann werden die Toten zu einem Foto in einem Rahmen. Nur im Schlaf kommen sie zu uns. Nur dann kehren ihre Bewegungen zurück, nur dann löst sich ihr Körper aus der Starre, nur so verlässt er sie, schüttelt sie ab und geht alte Wege. Wenn wir die Augen schließen und uns der Nacht überlassen, dem Schlaf und seinen Traumwindungen, seinen Schlängelpfaden ins Unbewusste. Ich habe heute Nacht von meinem Vater geträumt. Ein Bild, eine Einstellung, nur so viel: Er saß in einem Sommergarten auf einer Bank und las Zeitung. Auf seine still konzentrierte, Buchstaben suchende, Buchstaben abtastende, Buchstaben festklammernde Art blätterte er die Seiten um – ein Bild der Ruhe. Mit ihm bin ich aufgewachsen, mit diesem Zeitungsknistern großgeworden, mit dem Rascheln umgeschlagener Seiten. Wenn es ein typisches Bild für meinen Vater gab, dann dieses: die Brille aufsetzen und lesen, wenn es eine typische Beschäftigung oder Handbewegung für ihn gab, dann diese: lesen und blättern. Zum 85. hatte ich ihm ein Zeit-Abo geschenkt, wenige Wochen später musste ich es kündigen. Mein Vater konnte die Zeitung nicht mehr halten, es war ihm zu anstrengend geworden.

Man merkt der Wohnung schnell an, mein Vater ist nicht mehr da, er ist auf und davon, er ist weg, er kommt nie mehr zurück. Auch wenn meine Mutter sein Bett noch nicht abgezogen hat, nach all diesen Wochen noch immer nicht. Sie schläft allein in ihrem Bett, das für zwei gedacht ist, immer für zwei gedacht war, sie schläft Nacht für Nacht neben der glattgezogenen, glattgestrichenen Bettwäsche meines Vaters, die seine Umrisse nicht mehr nachzeichnet, sie nicht mehr speichert und spiegelt, neben den letzten Fasern, den letzten Ideen und Meldungen seines Geruchs, der von Schlaf zu Schlaf weniger wird. Wacht meine Mutter am Morgen auf, ist er wieder weniger geworden, hat sich weiter verflüchtigt. Man sieht und fühlt seine Abwesenheit, auch wenn seine Kleider noch im Schrank hängen und keiner Anstalten macht, sie einzupacken und wegzubringen. Seine letzten Spuren, die letzten Hinweise auf ihn, die letzten Beweise seiner Existenz zu löschen. Irgendein Stoff könnte schließlich noch seinen Duft bergen.

Die Zimmer sind übertrieben, fast peinlich aufgeräumt, die Zeugen des täglichen Durcheinanders verschwunden. Die Kappe meines Vaters hängt nicht mehr an der Garderobe, seine Jacke nicht, Zeitungen stapeln sich nicht länger, liegen nicht mehr zerstreut, es gibt keine aufgeschlagenen Bücher und Notizen, Kugelschreiber und Zeitungsausschnitte, keine Ladekabel und Handys, diese vielen Handys!, keine Schlüssel, kein Wasserglas, zu einem Drittel gefüllt, all die täglichen Gefährten meines Vaters, ohne die er nicht konnte, ohne die es ihn gar nicht gab, seine kleinen Alltagsspuren, die er setzte und hinterließ, auch bei uns zu Hause. War mein Vater hier, gab es stets seine Spur der Dinge, die sich durchs Wohnzimmer schlängelte, man betrat die Wohnung und wusste sofort, er ist da, es gab eine Schlüssel- und Handyspur, eine Jacken- oder Schalspur, eine Zeitungsspur, Bücherspur. Er kam die Stufen hoch und setzte den Kindern abwechselnd seine Kappe auf, küsste sie auf den Scheitel, legte seine Schlüssel und Handys ab, stellte ein Glas Wasser auf den Tisch, suchte nach Schokolade in den Schränken und Schubladen, nahm ein Buch aus dem Regal, setzte sich an den Tisch, schlug die Tageszeitung auf, setzte die Lesebrille auf und nahm sie wieder ab, sobald sich die Kinder an ihn schmiegten.

• • •

Wie es mir geht, fragt ein Freund. Ich sage, ganz okay. Scheiße, aber ganz okay. Was ein bisschen gelogen ist, weil ich schwanke zwischen: Ich kann nicht mehr und will nur schlafen, und: Ach, sieh mal, mein Leben ist reich, noch immer gibt es reiche Momente, wenn ich unter Freunden sitze, wenn wir reden, trinken und lachen, wenn ich meine Familie, meine Kinder ansehe, ihre Lust und Lebenskraft in jeder Faser ihres Seins, in all ihren Bewegungen anschauen und spüren kann, selbst in ihrem Blick. Er sagt, wir sind die Nächsten, wir werden die Nächsten sein, und es klingt weder schlimm noch tröstlich, es klingt einfach nur nach einem Satz, der den Lauf der Dinge für uns zusammenfasst, den völlig normalen, selbstverständlichen, von sich aus, ohne unser Zutun surrenden Lauf der Zeit, des Lebens und aller Dinge darin. Ja, stimmt, läuft alles nach Plan, alles so, wie es laufen sollte, werden wir die Nächsten sein. Läuft alles so, wie es die natürliche, innere Formel des Lebens und Sterbens vorsieht, dann werden wir in unserer Folge der Generationen die Nächsten sein. Bis dahin geht das Leben weiter, es geht einfach weiter, kümmert sich nicht um uns und unser Verlangen nach Stillstand, nach Aufhören, nach Aussetzen. Wir leben, arbeiten und zahlen Rechnungen, wir atmen, essen und trinken, wir streiten und beruhigen uns, wir schlafen, wir stehen auf, unter Mühen und Anstrengung zwar, aber wir tun es. Selbst ich stehe auf und gehe weiter durch die Stadt und durch mein Leben, ich schaue zum Himmel, und wann immer er grandios genug ist, sage ich, hallo Papa, hallo da oben.

Es gibt sogar Augenblicke, in denen ich plane. Planen ist ein zu großes Wort, aber etwas ist es doch, das ich in der Zukunft entwerfe, in meine Zukunft hineindenke und in ihr sehen kann – das ist fast so etwas wie ein Plan. Einmal noch will ich im Sommer nach Ungarn, in dieses Land, das ich lange aus meiner Erlebniswelt, meinem Bewegungsradius gestrichen und erst wieder in mein Sichtfeld gelassen hatte, als ich Kinder bekam. Seither nicht abgeschüttelt oder aufgegeben habe, trotz seiner haarsträubenden Meldungen an die Abendnachrichten. In den vergangenen Sommern in Ungarn hatte ich wieder begonnen zu staunen über die einfache Schönheit und das Stillstehen der Zeit, begonnen, durch die Sprache zu flanieren, ihre verrückte Grammatik wiederzuentdecken und zu entschlüsseln, dieses dauerhafte, sich immer wieder aufstellende, aufklappende Rätsel, das ich mit jedem Satz neu lösen muss. Ich will noch einmal über die Pfade meines Vaters spazieren, auf der Seeterrasse in Balatonfüred sitzen und ein Soproni auf ihn trinken. Ich will die Tage des vergangenen Sommers abstreifen, die sich in Abständen zurückmelden und wie Irrlichter durch meinen Kopf geistern. Ich will Füred und den See für mich retten, ja, in einer Art Rettungsaktion abtauchen und hinter dem Schilf hinausschwimmen, hinter den Anglerstegen aus Holz, diesen eleganten, schwebenden Wasserveranden. Will Ruderboote und Abgrenzungen hinter mir lassen, die Abtei von Tihany im Blick, in der Ferne glänzend weiß über dem Wasser. Ich brauche diese jó úszás, ich sehne mich nach dieser großen, guten, nach dieser echten Schwimmerei.

Meine Mutter allerdings weigert sich, ihr Sommerhaus im Dorf zu betreten. Sobald ich es anspreche, wehrt sie sich, als müsse sie alles von sich fernhalten, was ihr die Einsicht abverlangt, sie ist allein, für den Rest ihrer Zeit ohne meinen Vater. Sobald ich den Sommer und unsere Reise in den Osten nur antippe, sobald wir uns gedanklich in diese Richtung bewegen, gibt sie mir ein Kopfschütteln, ein Nein. Der Verlust hat ihr die Vernunft genommen, das Leben kann ihr gerade nichts anbieten, ohne meinen Vater hat es seine Farben, seinen Geschmack verloren. Sie kann nicht mehr in ihr Sommerhaus, sie will diesen Ort nicht länger bewohnen, wir sollen ihn räumen und verkaufen, wir sollen damit machen, was wir für richtig halten, nur sie will nie mehr dorthin, nie mehr eine Minute dort verbringen. Alles im Sommerhaus ist mit meinem Vater verbunden, sogar das störrische Tor, das sich schwer aufschieben lässt, sein bockiges Schloss, das seinen Schlüssel nicht mag und das man nicht so leicht öffnen kann, für das man Geduld und Feingefühl und etwas Zeit braucht. Der Walnussbaum, der die Veranda abschottet und verbirgt, sie immerzu umarmen will. Die Kleider im Schrank, die Strohhüte, Sommerhosen, Sommerhemden, Badeschuhe, die Bücher in der Vitrine, Bücher, die schon seine Eltern in ihren Händen hielten, Spuren und Zeugen ihrer Gedankenwege. Der kleine Tisch in der Ecke der Wohnküche mit Leselampe, Telefon, Notizen, Zetteln und Stiften, die zusammengerollten Forintscheine in den Tassen, die Kundenkarte der MOL-Tankstelle, der Chip für den Tesco-Einkaufswagen, lauter Überbleibsel des letzten Sommers – im Augenblick könnte man nichts Gemeineres von meiner Mutter verlangen, als dorthin zurückzukehren.

Meine Pastorenfreundin beruhigt mich, ein Tag nach einem Trauerfall ist man anders als einen Monat danach, ein Jahr danach wieder anders. Ich soll Hoffnung haben. Also habe ich Hoffnung. Also übe ich mich in Hoffnung, auf die ich mich nicht mehr gut verstehe. Also versuche ich zu hoffen. Ich bin nicht sehr geübt, aber will mich anstrengen in

Sachen Hoffnung. Im Moment jedoch ist meine Mutter ohne Gegenwart, ohne Zukunft. Die Vergangenheit ist der Zeitraum, in dem sie sich bewegt, aus der Vergangenheit führt gerade kein Weg in eine andere Dimension von Zeit, in so etwas wie ein Jetzt, ein Morgen. Ihre Trauer steckt in allen Poren des Alleinseins, liegt in jedem minimalen Geräusch ihrer stillgewordenen Wohnung, meine Mutter dreht und verfängt sich in ihrem Gestern, an Zukunft kann sie nicht denken. Zukunft gibt es in diesen Tagen keine. Am wenigsten im Sommerhaus.

• • •

Mitte November, das Weinen lässt nach. Der örtliche Stromanbieter adressiert auch nach zwei Monaten und mehreren E-Mails noch immer meinen Vater, nicht meine Mutter. Ich finde das geschmacklos, habe aber keine Nerven mehr in dieser Sache, nach erfolglosen, in die Leere führenden Telefonaten und Standardantworten sollen sie meinen Vater ruhig weiter anschreiben, bitteschön, ich habe keinen Drang, in dieser Sache noch zu telefonieren oder Briefe aufzusetzen, mich in deren Hotline einzuwählen und die Warteschleife zu ertragen, um einen neuen Tarif auszuhandeln, in deren Kundenverzeichnis einen Zwei- auf einen Ein-Personen-Haushalt stutzen zu lassen. Es gibt Wichtigeres. Meinen kleinen Vater-Altar etwa, der noch auf der Fensterbank steht. Ich weigere mich, die Erinnerungen wegzunehmen und in unseren Schränken verschwinden zu lassen, sie abzuräumen und wegzuschließen. Eine Freundin hat mir erzählt, sie hat die Wanderschuhe aufbewahrt, die ihre Mutter ihr im Sterbejahr noch geschenkt hatte. Ab und an steigt sie auf den Dachboden, nimmt sie aus einem Karton, dreht und wendet sie, betrachtet sie von allen Seiten, fährt die Nähte mit ihren Fingern ab. Auch ich habe diese Verbindungsstücke zu meinem Vater, winzige Brücken zu unserer gemeinsamen Zeit, die mir zeigen, es ist wahr, ja, es hat uns gegeben, wir waren echt, wir waren da. Eine Zeichnung, die ich als Mädchen von ihm angefertigt und beim Aufräumen in einer Schublade meiner Eltern wiedergefunden habe, ein Porträt im Profil, auf dem ihn jeder sofort erkennen kann, etwas hatte ich damals eingefangen, das sein Äußeres ausmachte und zusammenfasste. Sein Schnauzbart, seine markante Nase, die Anordnung der Falten um die Augen wie Sonnenstrahlen, seine Koteletten, die giftgrüne Krawatte über einem dunkelbraunen Pullunder – es waren die Siebziger. Daneben ein Foto meines Vaters in Paris, er lehnt lässig an einem Brückengeländer, im Hintergrund der Eiffelturm, ein nieselgrauer Tag, wie doch fast immer in Paris, mein Vater glücklich, auf seine Art robust und frei, jung und gesund. Ja, gesund. Ein Foto von uns, ich auf meinem ersten Fahrrad, rotes Fahrrad, rote Schuhe, hochgekrempelte rote Hosenbeine mit Lurexfaden, mein Vater neben mir, sein Blick auf meinen ersten Fahrversuchen. Wie können wir dieses Jahr Weihnachten feiern? Wie wird das gehen? Am liebsten möchte ich es ausfallen lassen, Weihnachten überspringen. Nach einer unaufgeregten, sich freundlich zurückhaltenden Nacht am 27. Dezember aufwachen und wissen, es ist vorbei, es liegt hinter mir. Dann weitermachen mit unserem Leben und sehen, wie wir uns langsam wieder darin zurechtfinden.

Anfang Dezember, das Weinen kehrt zurück. Plötzlich, unvorbereitet, schubweise. Andere könnten denken, es geht mir gut, vieles bleibt unsichtbar, verborgen. Ich sehe nur älter aus, sensationell viel älter, als habe sich mein Altwerden beschleunigt, mit den vielen grauen Fäden im Haar, mein Gesicht verhärmt, abgeschlagen, knochig, als wäre kein Blut unter meiner Haut, kein Fleisch, als gebe es dort nur Hohlräume. Meine Trauer ist in Lähmung übergegangen, vieles fällt mir schwer, kostet Kraft, manchmal übermäßige Kraft, etwas Bleiernes hat sich auf meinen Gang, meine Knochen gelegt, sogar auf mein Denken. Ich bin langsam geworden, ich suche lange nach Wörtern, als seien sie mir unbekannt und fremd, es dauert, bis ich sie finde, auf meine Zunge legen und aussprechen kann. Niemand wird das merken, keiner sieht mir an, wie ich immerzu Kräfte sammle, sichte, ordne und mir selbst zuteile, wie ich mich zusammennehme und Ausschau halte nach der nächsten Rast, dem nächsten Durchatmen, der nächsten Pause. Ich stehe in der Diele meiner Mutter, wir hören die Sprachbox ab, sie hat die alten Nachrichten nie gelöscht, also hören wir weinende, klagende Stimmen: Der September ist zurück, mit all seiner Wucht umgibt er uns, nach zwei, drei Nachrichten, die ich nicht bis zum Ende hören will, befinden wir uns wieder im September, mit all den Namen und Stimmen, die sich verabschieden, ihren Trost, ihr Mitgefühl aussprechen, auf Ungarisch, Deutsch, Englisch, gegen die Tränen kämpfen oder es schon aufgegeben haben. »Nachricht Nummer acht vom ersten Neunten« leiert die Ansage weiter und geht zurück in den August, bei jedem Piepen des Signaltons steigt leise Panik in mir auf, eine Nachricht meines Vaters könnte aufgezeichnet sein, ich müsste hier und jetzt seine Stimme hören. Seine lebendige Stimme. Seine Stimme, als er noch lebte.

Ich hänge Weihnachtsschmuck auf, weniger als sonst, viel weniger als sonst, stelle einen Kranz auf, karger als sonst, ohne Lichtgirlanden. Am ersten Advent backen wir Plätzchen, am Nikolaustag besuchen uns Freunde, die Kinder putzen am Abend davor ihre Stiefel und stellen sie vor die Tür – so wie jedes Jahr. Weihnachten kündigt sich an, auch wenn ich es verrückt finde, kündigt es sich an. Weihnachten sollte für mich eine Pause einlegen, sich selbst überspringen, einfach aus Rücksicht, aus Anteilnahme, aus reiner Freundlichkeit. Wir werden Weihnachten nicht zu Hause feiern, anders als sonst in den letzten Jahren. Wir brechen mit unserer Tradition, am Vierundzwanzigsten gleiten wir durch Schnee und Regen über eine leere Autobahn nach Berlin. Wir können kein Ritual aufrechterhalten, wir können kein Ritual leben, aus dem die Mitte weggebrochen ist. Zu Hause hätten wir nur Sicht auf den leeren Platz gehabt, auf den Stuhl in der Küche, auf dem mein Vater sonst mit seinem Glas Spätburgunder saß, während die Gans im Backofen schmorte. Die Handgriffe hatte er bewundert, das Mischen der Füllung, Orange, Backpflaumen, Beifuß, eigentlich hatten wir die Gans nur für ihn gemacht.

Jetzt haben meine Neffen übernommen, sie haben den Baum besorgt und geschmückt, sie haben die Noten und das Klavierspiel vorbereitet, sie haben den Gottesdienst ausgesucht, sie haben den Tisch gedeckt, an den wir uns nur zu setzen brauchen. Ihr Großvater ist in einer nicht fassbaren, nicht greifbaren, aber spürbaren Form bei uns, jetzt, an Heiligabend, ist er in dieser riesigen Berliner Wohnung mit den vielen Kerzen auf dem Flügel bei uns. *Schließlich ist das Paradies verriegelt*, fällt mir ein Kleist-Satz ein, *und wir müssen die Reise um die Welt machen und sehen, ob es vielleicht von hinten irgendwo wieder offen ist*. Ich muss nicht weinen, Weihnachten kann schließlich nichts dafür, dass mein Vater gestorben ist, ich kann singen, meine Stimme versagt nicht, es fällt mir leicht, O du fröhliche zu singen, zwischen meiner Mutter und meinem Bruder singe ich ausgerechnet O du fröhliche.

Gleich nach den Festtagen erreicht mich noch in Berlin die Nachricht, dass nun der fünfte Vater gestorben ist. Nach Tagen des Hoffens und Bangens, schreibt meine Freundin, mit der ich vor kurzem über die Sonnenhänge rund um Mainz gewandert bin, in den Weinbergen gesessen, Käse und Brot ausgepackt und unsere Väter beweint habe. So klingt dieses Jahr aus. Vier enge Freundinnen haben ihren Vater verloren, ich habe meinen Vater verloren, wir sind zu fünft. Es ist das Jahr des Vatersterbens. Als ich für den fünften Vater eine Trauerkarte im Schreibwarenladen besorge, sagt neben mir ein kleiner Junge zu seiner Mutter, wir brauchen eine Totenkarte, und sie korrigiert ihn: Trauerkarten heißen die, nicht Totenkarten, sondern Trauerkarten.

• • •

Ich wache am Neujahrsmorgen auf, das Jahr beginnt ohne meinen Vater, so breitet es sich vor uns aus. 365 neue Tage ohne ihn. Mein Anruf an diesem ersten Januar, so wie jedes Jahr, unser Auftakt zur neuen Zeitrechnung, uns mit guten Wünschen für die kommenden 365 Tage zu bedenken, ist nur noch an meine Mutter gerichtet, aber etwas am guten Wünschen klingt hohl und leer, einfach verlogen. Ein gutes neues Jahr? Wie kann es für meine Mutter gut werden? Nun liegt es ein Jahr zurück, dass der Leidensweg meines Vaters begann, seine Schmerzen anfingen sich breitzumachen und durch seinen Körper zu wachsen, die er zu leugnen, am liebsten zu übergehen, nicht ernst zu nehmen und zu verdrängen versucht hatte. Weihnachten vor einem Jahr hatte er schon unter Schmerzen gefeiert, uns das Fest aber nicht verderben wollen. Den Rest der Winterferien hatte ich damit verbracht, ihn zu Ärzten zu fahren und mich an seiner Geduld zu schulen, Wege und Nachrichten, Ergebnisse und Gespräche, vor allem aber das Warten, das viele Warten auszuhalten und nur heimlich zu weinen, niemals vor ihm, selten vor anderen. Jeder Weg war mühsam und schwer überwindbar, im Krankenhaus hatten wir einen Rollstuhl geliehen, ich hatte ihn geschoben und versucht, meine Wut niederzuhalten, die ständig ausbrechen wollte, aber gegen wen hätte ich sie richten können? Klinikleitung, Ärzte? Den Himmel, Gott, die Ewigkeit? Gegen welche Instanz denn?

Neben der Wut wuchs damals mein Hoffen. Die Hoffnung war damals mein stärkstes Gefühl gewesen, das sich immer wieder in mir aussäte, das ich pflegte, goss und zum Sprießen brachte, die kleine Hoffnung, es wird nicht so schlimm werden, in irgendeiner Form wird es hinnehmbar sein, und die große, abstruse, die märchenhafte Hoffnung, vielleicht ist es gar kein Krebs, vielleicht etwas anderes, mit dem es sich leben lässt, etwas, das nicht zwangsläufig in den Tod münden muss. Ich hoffte auf Zeit. Von den unterschiedlichen Zeitprognosen nahm ich sofort die günstigere und setzte auf sie, hielt mich fest an den zwei Jahren, nicht an den zwei Monaten, ich schob sie weg, diese zwei Monate, ich dachte nicht an sie, nein, ich wollte auf keinen Fall an sie denken und schaltete sie aus, ich gab ihnen keinen Raum, nicht den geringsten. Ich hoffte auf Schonung, darauf dass irgendein Seitenfaden, ein Schicksalsfädchen, Los, Vorsehung, Lebensgefüge, Zufall, was auch immer, uns vergessen, einfach nicht mehr an uns denken und uns freigeben würde, ich hoffte auf eine falsche Karteikarte, eine durcheinandergeratene Ablage, eine Verwechslung, einen voreilig gesetzten Stempel, etwas in der Art – doch warum hätte man ausgerechnet uns verschonen, für uns ein Wunder einrichten sollen?

Als wir schon wussten, der Krebs ist zurück, feierten wir im Februar seinen Geburtstag, ahnend, es würde der letzte sein, hoffend, es könnte noch weitere geben. Über Stunden hatten wir in der Küche Salate, Fisch und Fleisch geschnitten, gekocht und gebraten und uns dann alle am langen Tisch versammelt, drei Generationen Bánk, mit einer sich trotzig aufbäumenden Leichtigkeit, mit der Freude darüber, diesen Tag mit diesen Stunden noch zu haben, sie ins Zeitglas zu stecken und für immer aufzubewahren, sie dem Hirn zu diktieren und ihm zu befehlen, sie sicher abzuspeichern. Wenige Tage später kam der Anruf aus dem Supermarkt, mein Vater war auf dem Gang, zwischen Obst und Gemüse kollabiert und soeben von der Ambulanz abgeholt worden. Sein Gesicht in der Notaufnahme, kraftlos, angeschlagen, das sehr langsame, zögerliche und widerwillige Begreifen, sein Körper verweigert ihm ab sofort den Dienst, jetzt, in diesem Moment, heute, an diesem Tag, zu dieser Stunde hört er damit auf. Seine zunehmende Kurzatmigkeit in den Wochen darauf, das schwere Luftholen, meine Angst, er übernimmt sich. Sein Aufbegehren gegen die Krankheit, die Weigerung, sie hinzunehmen. Mein Vater wollte leben und nicht krank sein. Er wollte leben und leugnen, was die Krankheit mit ihm machte, wie sie ihn rügte, zurechtwies und bestrafte. Dann meine Fahrt mit Freundinnen ins Taubertal, zum jährlichen Winterwandern, die vielen Tränen, die wir vergossen haben, über eine vor kurzem verstorbene Mutter und über meinen kranken Vater, die brüchige, zerbrechliche Stimmung im Auto, der Schnee auf den Feldern, das Blau des Nachmittags, das Schwarz des Abends, unser ausbrechendes, in Schleifen wiederkehrendes Weinen, unsere Wut über den Tod, über das Wegreißen und Abreißen gegen unseren Willen. Wir blieben im Auto sitzen, weil wir so weinen mussten, wir konnten nicht aussteigen.

Ich erinnere mich an das erste Morphiumpflaster, das ich meinem Vater aufklebte, und ich wusste, jetzt lief die Zeit für uns anders, jetzt konnte ich den Finger in den rieselnden Sand der Uhr halten. Jetzt, da ich das Pflaster auf seine alte Haut drückte, auf der ich die jüngste Sonnenbräune, seinen jüngsten Ungarnsommer und noch immer seine frühere Sportlichkeit, Jugend, Jungenhaftigkeit ablesen konnte. Ich erinnere mich an meine zunehmende, manchmal eskalierende Erschöpfung, die Anstrengung und Anspannung ohne Pause, an diesen verrückten Zustand der Müdigkeit, in dem ich gedankenlos eine brennende Kerze in einer Schublade verschwinden ließ und mich anschließend wunderte über den Gestank. Ich erinnere mich an das Verlieren meines Kopfes, meines normalen Lebens, das Verlieren meines Alltags, meiner Arbeit, meiner Fassung, meiner Konzentration. Wie ich mich von meiner Familie verabschiedet habe, von den Kindern fast täglich mit den Worten, ich bin nicht da, ich bin unterwegs mit Opa, dazu ihre ernsten Gesichter. Ich erinnere mich an das Weinerliche, das immerzu Weinbereite, meine schwindende Kraft, weiter dagegenzuhalten, parallel zur schwindenden Kraft meines Vaters. Ich übte mich im Akzeptieren, ich fing damit an. Ich fing an, mich tapfer zu finden. Viel Arbeit steckte darin, viel Hingabe. Ich fing an, es hinzunehmen. Es so hinzunehmen, wie es war.

• • •

Ende Januar, halb sechs am Nachmittag und noch immer Licht am Himmel, blauschimmerndes Winterlicht. Im Garten hat der Frost übernommen und Eisblumen an die Tür zur Terrasse gemalt. Jetzt belagert mein Vater meine Träume. Jeden Morgen wache ich mit einem Bild von ihm auf. Jede Nacht muss ich den Kindern die Todesnachricht überbringen und will es hinauszögern: Wir stehen unter einer riesigen Baumkrone, wir stehen an einem träge fließenden Fluss, wir stehen an einem Tor und verabschieden uns, aber ich finde nicht den Augenblick, nicht das erste Wort, den ersten Ton, der stimmen und passen könnte, ich bringe nicht den Mut auf, es ihnen zu sagen. Sie spielen weiter, wir gehen weiter, sie springen, lachen, schubsen einander, steigen aufs Fahrrad, fahren davon, und ich habe es ihnen wieder nicht gesagt.

Wir besuchen das Grab, meine Mutter ärgert sich mittlerweile über die einfache Platte, lieber wäre ihr ein Grab, an dem sie arbeiten, an dem sie mehr tun könnte als nur stehen und weinen, an dem sie Pflanzen setzen und gießen, Unkraut rupfen, Steine und Kerzen ablegen und neu anordnen könnte. Eine Platte, die wir innerhalb weniger Minuten ausgesucht hatten, damit es getan, damit es erledigt war. Es wäre besser, wenn man über das Grab frühestens nach drei Monaten entscheiden müsste, wenn man wieder halbwegs bei Verstand ist, wenn der Kopf sich wieder bereit erklärt, einigermaßen dienstbar zu sein, sich wieder angeworfen hat und anbietet, in Teilen wenigstens klar, vernünftig und vorausschauend zu denken. Am Tag des Todes über ein Grab zu entscheiden, ist ein Schwachsinn, ein Irrtum, eine Unmöglichkeit. Ein Fehler, der nicht mehr gutzumachen ist. Es sollte eine Klausel geben, ein Gesetz, der Bestatter sollte einen warnen müssen, und man sollte ihn rügen dürfen, falls er es versäumt. Er sollte verpflichtet sein zu sagen, drei Monate Bedenkzeit haben Sie, bitte keine voreiligen Beschlüsse, keine vorschnellen Entscheidungen, die Sie später vielleicht bereuen. Falls doch, geht der Stein selbstverständlich retour.

Vor dem Abzweig zum Friedhof will ich an der Ecke Blumen besorgen, der Laden wirkt verwaist. Ich stelle das Auto ab und überquere die Straße. Es ist, wie ich befürchtet habe, niemand ist da, im Fenster hängt ein Schild: Wegen Krankheit geschlossen. Ich denke an mein Gespräch mit der Floristin, das wir im Sommer führten, an diesem heißen hellen Tag, an dem sie Dahlien in Gelb und Rot für mich zusammenband, an ihre Sorge, ihr Geschäft schließen zu müssen, an ihren Unwillen, die Arbeit für den Krebs ruhen zu lassen, ihren Alltag aufzugeben, zu ersetzen und einzutauschen gegen Krankheit. Ich denke an die Onkologie im Höchster Klinikum, wo sie jetzt womöglich behandelt wird, an den Eingang mit den Buchstaben auf dem Glas, Station 7R, Weiß auf Blau, an den langen Flur, die vielen geöffneten Türen, an diese geschäftige Taubenschlag-Stimmung, an die Gesichter der Schwestern und Ärzte, die Melodien ihrer Sätze, an ihre Stimmen und Tonlagen, die mir alle bekannt, alle vertraut sind, und an den Warteraum am Ende dieses langen Flurs, letzte Tür rechts – zehn Stühle, Wasserspender, Zeitschriften –, in dem ich viel Zeit verbracht habe.

. . .

Am Telefon eröffnet mir meine Cousine, sie haben ihr Haus in Ungarn verkauft. Ohne meinen Vater würde sie im Paradiesgarten nur an die verlorenen Sommer denken. Ohne meinen Vater in diesem Hof, unter dieser Akazie, mit Blick auf diesen Garten – keinen weiteren Sommertag. Sie will nicht mehr, nie mehr dorthin zurück, es ist vorbei, es liegt hinter uns, es gehört in die Vergangenheit, wir sollen uns fortan an anderen Orten treffen, sagt sie und fängt an zu weinen. Ihre Schwägerin, das Kossuth-Radio im Dorf, wie sie von ihr genannt wird, weil sie alle Neuigkeiten in den Geschäften, an den Kreuzungen, im Bahnhofsbüfé, an der Bushaltestelle schnell und mühelos verbreitet, habe das Angebot in die Welt gesetzt, und der Nachbar am Ende der Straße habe sofort zugegriffen. Etwas in meiner Kehle verschnürt sich, etwas legt sich auf meine Brust, nicht nur, weil sie die nächstbeste, erste Gelegenheit genutzt haben, das Haus loszuwerden, sondern weil ich nie mehr von diesem Platz über den Garten, über seine Obstbäume zum Weinberg schauen werde, weil das Tor fortan für uns verschlossen bleibt, das ich mit drei Jahren zum ersten Mal geöffnet habe und seitdem in vielen nachfolgenden Sommern, das auch meine Kinder und meine Neffen schon in vielen Sommern geöffnet haben – die wiederkehrende Bewegung unserer Ungarntage, die Hand an diesem dunkelgrünen, zaghaft quietschenden Tor an der Uzsabánya utca, der letzten Straße vor den Feldern, das Aufdrücken und Rufen: Hallo, Guten Abend, Guten Morgen, Jó estét, Jó reggelt, wir sind es, ich bin es! Das Tor, auf das meine Cousine im Winter 1973 vom Fenster aus schaute, als sich ihr Vater im Schneetreiben näherte, vor dem er zögerte und das er dann langsam öffnete, um ihr die Nachricht zu bringen, Großvater ist gestorben. Ich denke an die Sommerküche mit den Fotos in der Schublade, der Post von West nach Ost. Aufbewahrt, gebündelt, von Haushaltsgummis zusammengehalten, unter der Tischplatte wie ein Schatz verborgen, versteckt, aber im Mittelpunkt des täglichen Lebens, griffbereit, fühlbar, tastbar, da. An die vielen Kuverts mit der Schrift meiner Mutter, ihren Schnörkeln aus Tinte: liebe Mutter, lieber Vater, geliebte Eltern. Aber ich frage nicht, was wird mit meinem Museum, was mit den Möbeln in der Sommerküche, der Kredenz, den Rosentassen, dem grüngestrichenen Holztisch, den Hockern und was mit den Briefen? Ja, den Briefen?

Das Geld vom Hausverkauf hebt meine Cousine auf für ihre demente Mutter, man weiß nie, sagt sie, vielleicht sterbe ich vor ihr. Ihre Nerven sind ruiniert, fährt sie fort, alles greift an ihre Nerven, sie ist kraftlos, verzweifelt, ihrer Mutter gelingt es nicht einmal mehr, am Morgen ihre Socken überzustreifen. Wir erledigen verrückten Bürokratiekram, schließlich laufen die Kosten fürs Sommerhaus meiner Eltern weiter und müssen beglichen, gleichzeitig soll das ungarische Konto meines Vaters gekündigt werden. Wir telefonieren den ganzen Tag wegen fehlender IBANs, Unterschriften und Vollmachten, wir müssen lachen, über diesen amtlichen Wildwuchs einfach nur lachen, irgendwann sagt meine Cousine, um Zeit und weiteres Hin und Her zu sparen, habe sie meine Unterschrift nun kurzerhand gefälscht, und meine Aufgabe sei es dann bitte, ihr selbstgebackene Pogatschen ins Gefängnis zu bringen. Ich beginne langsam zu ahnen, was uns in Sachen Sommerhaus noch erwarten wird. Auf dem ungarischen Konto meines Vaters fehlen umgerechnet knapp 25 Euro, aber werden sie nicht umgehend eingezahlt, droht dem Sommerhaus die Zwangsversteigerung – so will es die ungarische Bürokratie. Sonst aber funktioniere rein gar nichts, sagt meine Cousine. Die Nebenkostenabrechnung der Budapester Wohnung ihrer Tochter laufe verrückterweise immer noch auf den Namen des Schwiegervaters, der seit mehr als zwanzig Jahren tot ist. Neulich hatte jemand von den Stadtwerken mit ihm sprechen wollen. Die Tochter antwortete trocken, dann müssen Sie sich zum Farkasréti-Friedhof aufmachen, Parzelle 17a, da finden Sie ihn.

• • •

Januarabend, dunkelblauer Himmel, wir sitzen bei Tisch, mein Sohn erinnert sich, wie mein Vater ihm gegenübersaß und ihm zuzwinkerte, ihn ermunterte, mehr zu nehmen, ihm kleine geheime Zeichen gab, Zeichen der Verschwörung, das letzte Stück Buttercremetorte für sich zu sichern, schneller zu sein als die anderen. Er ahmt ihn nach, zwinkert und nickt, legt den Kopf schief, kneift ein Auge zu, hebt das Kinn, und ich frage mich, wie lange noch wird er seinen Großvater so lebendig im Kopf behalten, wie lange noch wird er ihn so nachahmen können? Wie lange, bis er diese Dinge vergessen wird?

Ich muss lernen, Buttercremetorte zu backen. Schon damit mein Vater so mit uns am Tisch sitzen kann, wenigstens in Gedanken, im Labyrinth unserer Vorstellung, in unseren Entwürfen. Es ist ein altes ungarisches Rezept, meine Mutter hat die Zubereitung von ihrer Schwiegermutter gelernt, über viele Tage und Sitzungen, über viele Probeläufe unter Aufsicht, und ich muss es von ihr lernen, bevor es zu spät wird, die Tricks und Kniffe weiterzugeben und zu verinnerlichen. Zwei der geschliffenen, hauchzarten Gläser aus der Sommerhaus-Vitrine sind schon zersprungen, den Rest wage ich seither nicht zu benutzen. Wir brauchen zur Erinnerung etwas, das unversehrt bleibt, das immer wieder einlösbar und erneuerbar ist. Buttercremetorte backen ist ein aufwendiges Verfahren, und ich bin schlecht und ungeduldig in aufwendigen Verfahren. Aber es muss sein, wir haben wenig, was uns bleiben wird, wenn auch meine Mutter eines Tages nicht mehr da ist. Meine Eltern sind die erste Generation Bánk in Deutschland, hier reicht unsere Vergangenheit nicht weiter, hier gibt es für uns kein weiteres Davor, etwas muss ich von dieser anderen Welt also für uns herüberretten, etwas für unsere Bánk-Kapsel, die zwischen beiden Welten schwebt, und hinein gehört in jedem Fall diese Buttercremetorte. Neben anderen Gerichten wie Sauerkrauteintopf, Gemüsesuppe nach Großmutter-Art, Reissuppe, Erbsensuppe, Zwetschgenknödeln, Grießschmarrn und Madártej, wörtlich übersetzt: Vogelmilch, fester Eiweißschaum, der in Vanillemilch schwimmt. Doch nur die Buttercremetorte ist essenziell. Nur die Buttercremetorte steht in der Mitte, nur sie ragt heraus. Dürften wir nur ein Rezept zum Weitergeben auswählen, müssten wir uns für ein Rezept aus dem Kochbuch meiner Großmutter entscheiden, es wäre dieses.

Also backen wir Buttercremetorte, schon im zweiten Anlauf. Beim ersten wurde die Torte mäßig, nicht wie sie sein sollte, wie sie schmecken kann, sicher wegen meiner löchrigen Konzentration, mangelnder Lust und Hingabe. Man kann Krémes nicht nebenbei backen, man kann nicht zwischendurch telefonieren, den Fernseher laufen lassen, Hausaufgaben durchsehen, Vokabeln abfragen, kurz Handstand üben oder sonst etwas machen, man muss sie in den Mittelpunkt stellen, ihr alles an Aufmerksamkeit widmen, über das man verfügt und bereitstellen kann. Jetzt nehme ich mir Zeit, vielleicht geht es beim nächsten Mal dann ohne Anweisung, noch unter Aufsicht, aber schon ohne Anweisung. Ich schlage meinen Laptop auf und erstelle einen neuen Ordner für eine einzige Datei: Krémes Piskóta Torta. Ich notiere jeden winzigen Arbeitsschritt, jede Feinheit, jede mögliche Hürde und wie sie genommen wird, an vielen Stellen schreibe ich: Achtung, nicht zu schnell, langsam, Achtung, vorsichtig, übervorsichtig und sehr langsam, Vorsicht!, hierbei sehr langsam. Die Arbeit verteilt sich auf zwei

Tage, erst nach einer Nacht im Kühlschrank kann die Torte am dritten Tag serviert werden.

Am ersten Tag rühre ich den Biskuit und backe ihn aus, eine feste Masse Eiweißschaum, die mit der Eigelbcreme so lange vorsichtig vermischt wird, bis sich auch das letzte Klümpchen Weiß im Gelb aufgelöst hat. Meine Mutter überwacht die Arbeitsschritte pedantisch, jede meiner Handbewegungen beobachtet sie wie unter einer Lupe, als sei dies meine Gesellenprüfung, bei der ich genauso gut durchfallen kann. Ich muss Eier trennen, ohne einen Faden Gelb im Eiklar, ich muss das Mehl durchs feinste Sieb streichen, ich muss den Teig in all seinen Zubereitungsstufen lange mit der Hand rühren, ich muss immer wieder durchs Backofenfenster schauen und die Kuchenfarbe beurteilen, ich muss den ausgebackenen Biskuit mit einem Küchentuch abdecken und vors Fenster stellen, damit er auskühlen kann. Am Tag darauf bereite ich über Stunden die Creme zu, in einem großen Topf koche ich Eier, Zucker und Mehl auf, gebe geschlagene Butter dazu und verrühre alles so lange im Wasserbad, bis es vollständig ausgekühlt ist, ja, vollständig, bis auch der letzte Rest von Dampf, die letzte Spur von Wärme verschwunden ist. Erst dann darf der Biskuit mit Creme bestrichen werden. Drei Lagen Biskuitteig, und dazwischen kommt die Creme. Ich schneide den Biskuit an einer Stelle ein, damit die Teile später nicht schief und krumm, sondern passend aufeinanderliegen, und verstreiche langsam, fast übertrieben konzentriert mit einem großen Messer die weißgelbe Creme – mein Gesellenstück. Wir verpacken es unter viele Schichten Folie, behutsam, als könne jetzt noch etwas schiefgehen, und stellen es hinaus in die eiskalte Nacht. Zum vierzehnten Geburtstag meines

Sohnes steht die Torte mit brennenden Kerzen auf der Kaffeetafel. Als ich die erste Gabel in den Mund stecke, denke ich, so soll sie sein, ja, genau so. Drei Tage verbergen sich in dieser Torte. In fünfzehn Minuten ist sie aufgegessen.

• • •

Es wird März, Frühling liegt über der Stadt, die ersten Bäume wollen ausschlagen, Vögel kehren singend zurück, der Himmel wird größer, schiebt sich am Morgen heller über die Dächer. Ich atme, ich lebe, an Tagen fühle ich mich leicht. Ich begegne Menschen, lache und rede, es geht, an seltenen Abenden habe ich das Gefühl, ich bin ohne Gewicht, ja, es gibt solche Abende. Ich könnte fast sagen, ich habe mein Leben wieder aufgenommen, ich arbeite hartnäckig daran, es wieder aufzunehmen. Noch erwischt mich das Weinen, es ist nicht vorbei, es geht nicht vorbei, so wie das Vermissen nie vorbeigeht, es ist etwas, das sich jetzt durch meine Tage bewegt und launenhaft zurückmeldet, wenn mich etwas an meinen Vater erinnert – eine Mütze, ein Bart, die Farbe eines Mantels, eine Art zu gehen, zu lachen, sich umzudrehen, Jacke und Hose nach einem Schlüssel abzutasten, die Autotür zu öffnen oder zufallen zu lassen. Supermarktparkplätze sind heimtückisch, sie sind zu meinem Hürdenparcours geworden, sie sind voll solcher Details, sie sind geradezu gebaut daraus.

Nach der Tennisstunde erzählt mein Sohn, der Platz nebenan sei verwaist geblieben. Keiner habe dort trainiert. Die Gruppe aus vier Jungen, die sonst dort spielt, sei nicht dagewesen. Später habe ihm jemand in der Umkleide gesagt, ein Junge aus dieser Gruppe sei gestorben. Bei einem Verkehrsunfall mit dem Fahrrad tödlich verunglückt. Vielleicht zehn Jahre alt. Jeden Abend bei Tisch beschäftigt uns das, jeden Abend kommt mein Sohn darauf zurück. Wenn es so schlimm ist, fragt er, wenn ein alter Mensch stirbt, wie ist es, wenn ein Kind stirbt?

• • •

Im Briefkasten meiner Mutter liegt eine Einladung zu einem Gedenkgottesdienst im Höchster Klinikum – für die Verstorbenen der letzten Monate. Ich lese den Brief und sage nichts, aber dieses Gefühl saust in meine Magengegend, mein Bloß-nicht-Reflex, Bloß-nicht-Höchster-Klinikum pocht es in mir, nie mehr freiwillig an diesen Ort, nie wieder vor diesen klappernden, zitternden, überfüllten Aufzügen stehen und die nacheinander gelb aufleuchtenden Zahlen anstarren, 6, 5, 4, nie wieder dieses lähmende Gefühl heraufbeschwören, es ohne Not in meine Erinnerung holen, an diesen Zustand der Unruhe anknüpfen, an diese pendelnde Angst, kurz vor der Übelkeit. Die Wege übers Gelände, zwischen den Kliniken und Häusern, die Wege zwischen den Stockwerken, übers Treppenhaus, wenn der Aufzug zu lange nicht kam – ich will sie nicht mehr ablaufen. Ich will nicht mehr am Empfang, nicht mehr an der Cafeteria vorbei müssen. Wo ich nach der Diagnose mit meinem Vater gesessen hatte. Wo ich nach seinem Tod mit meiner Mutter gesessen hatte. Ich will sie nicht mehr sehen. Nicht die Menschen, nicht die Brötchen in der Vitrine, nicht die Pappbecher für den Kaffee, nicht die Wagen für die benutzten Tabletts. Jetzt sitzen die Nächsten da. Ich habe Pause.

Ja, es gibt diesen Ort, natürlich gibt es ihn, ich kann ihn nicht leugnen, nicht so tun, als hätte er sich mir zuliebe aufgelöst, aber ich muss ihn nicht aufsuchen, ich muss nicht dorthin. Nichts in mir verlangt danach, im Andachtsraum des Klinikums der Toten zu gedenken. Es sind nicht die Fremden, es ist dieser Ort. Wozu eine Fortsetzung? Wozu die Tage des Sommers wiederbeleben? Wozu diese Infusion aus Erinnerung? Irgendwann steht dieses Klinikum für uns sicher wieder an, auch für meine Mutter ist vielleicht etwas in dieser Art vorgesehen. Doch das Gedenken passt nicht zu diesem Ort, jedenfalls nicht meine Art des Gedenkens. Nicht zu dieser Mischung aus Mangel und Unlust, nicht zum stakkatohaften »derisso«, nicht zu meinen Bildern aus Notaufnahme, Tagesklinik, stationärer Onkologie, die sich nicht löschen lassen. Es ist unmöglich, hier meines Vaters so zu gedenken, wie ich es will. An jedem anderen Ort dieser Welt ja. Aber nicht hier.

In der Nacht träume ich, mein Vater ist gestürzt und kann nicht aufstehen. Er liegt auf einem Stück Asphalt und kann sich nicht rühren. Wir decken ihn gut zu, damit er nicht friert, wir ziehen die Decke hoch zu seinem Kinn, wir legen uns zu ihm und weinen.

. . .

Für den Sommer buche ich ein Haus in Balatonfüred. Einmal will ich noch in dieses Land, das sich seit dem Tod meines Vaters im freien Fall von mir wegbewegt, an einem letzten Faden hängt, bevor es vielleicht endgültig in die Tiefe sausen wird. Für das ich mich seit einer Weile schäme, obwohl ich gar nicht müsste, weil nicht ich es bin, die es macht oder ausmacht. Einmal will ich noch dorthin, einmal noch baden und meine Kinder ins Wasser springen sehen. Nach Füred kann ich, es geht, die Vorstellung tut nicht weh, schließlich ist das Licht meines Vaters dort zu Hause, gießt sich über den Balaton, durchströmt seine Weinhänge, bestimmt die Tage und frühen Abende des Sommers, wenn der See in den Himmel zu wachsen beginnt und Stechmücken und Fledermäuse sich auf ihren Flug durch die Dämmerung vorbereiten. Es ist sein Licht, das Licht, das wir mit ihm verbinden, das wir sofort sehen, sobald wir an ihn denken. Dieses goldgelbe Licht des großzügigen, überschwänglich reichen Sommers, das Licht des Südens, das Licht des Lebens, jedenfalls des Lebens, das mein Vater mochte und führte.

Ich beginne zu verstehen, warum meine Cousine das Paradiesgartenhaus schnell loswerden wollte. Auch ich musste ein neues Ferienhaus am Balaton für uns finden, ich kann unmöglich in eines der Häuser aus den Sommern zuvor, sie sind nicht mehr begehbar, ich muss einen weiten Bogen um sie machen. Ich werde nicht durch diese Straßen spazieren, und sollten wir an diesem Abzweig vorbeikommen, werde ich wegschauen, mir die Augen zuhalten. Das kleine Ferienhaus in Csopak, wo das 18., 19. Jahrhundert an den Fassaden, Strohdächern und den engen, sich durch die Hügel windenden Gassen abzulesen ist, in das wir uns sofort verliebt hatten: Ich kann nicht dorthin zurück, ich kann es nicht mehr betreten, zu viele Bilder sind an meinen Vater gebunden, um ihn gebaut. Dort steht die Liege an der Wand, auf der er geschlafen hat, die weiß gestrichene Holzbank auf der überdachten Terrasse, wo er zwei Sommer zuvor am Morgen gesessen hat, nachdem er den kurzen Weg ins Dorf gegangen ist, um Kifli, Hörnchen, für unser Frühstück zu holen. Dort haben wir den Geburtstag meiner Tochter gefeiert, neben ihr saß mein Vater, gesund, fröhlich, sommerverliebt. Auf allen Bildern ist er zu sehen, vor dem Gabentisch, vor dem Kuchen, unter der bunten Girlande, meine Tochter an ihn geschmiegt, ihr Kopf an seiner Schulter. Die Vermieterin hatte mir Anfang des Jahres geschrieben, erst habe ich gezögert, jetzt aber abgesagt. Ich kann auch in das Haus in Füred nicht mehr, wo wir letzten Sommer waren. Jeden Morgen war ich dort mit Angst aufgewacht, jeden Abend mit Angst ins Bett gegangen, Angst vor der Nacht, dem nächsten Tag und seinen Nachrichten, Angst vor dem Telefonklingeln an diesem nächsten Tag. Es ist zu meinem Haus der Angst gewachsen, ich kann nicht mehr dorthin. Sie sind verbarrikadiert, beide Balaton-Häuser, in denen mein Vater mit uns war. Im ersten Sommer anwesend, gut gelaunt, frei und glücklich. Im nächsten abreisend, abwesend, sterbend.

• • •

Frühlingsbeginn, aber meine Mutter hat das Bett in ihrer Wohnung noch immer nicht abgezogen. Die Seite meines Vaters, seine Hälfte bleibt, wie sie immer war. Niemand sagt ihr, wann ziehst du endlich das Bett ab, wann legst du das Bettzeug in den Kasten, wann bringst du die Kleider weg? Der Schuhschrank ist noch gefüllt mit den Schuhen meines Vaters, Turnschuhe, Wanderschuhe, Ausgehschuhe, Gartenschuhe, auch die Kleiderschränke sind unverändert. Sie stehen wie eine Bastion, eine Mauer gegen die Welt. Fünf weiße Schranktüren, dahinter lauter Zeugen aus Stoff und Leder, die aussagen, dass es meinen Vater gab. Hemden, Hosen, Jacken und Mäntel, die es beweisen.

Geht sie zum Friedhof, sagt meine Mutter: Ich gehe zu deinem Vater. Ist sie zurück, sagt sie: Ich war bei deinem Vater. Nie sagt sie, ich gehe zum Friedhof, ich gehe ans Grab, und ich wage nicht, ihr zu widersprechen, sie zu verbessern. Ich wage nicht zu sagen: Du gehst nicht zu ihm, du gehst nur zum Friedhof. Ich traue mich nicht zu sagen: Du gehst nicht zu ihm, du gehst nur noch an sein Grab.

• • •

Im November hatte uns der Gedanke noch irgendwie nervös gemacht, aber jetzt nehmen wir die Einladung seines Freundes an. Auf der Fahrt in den Taunus erzählt meine Mutter, wie amüsiert Zsolt damals war, als mein Bruder nach einem langen Ungarnsommer von den Verwandten im Dorf zurückkehrte und das Ungarisch der einfachen Leute, der Bauern und Feldarbeiter sprach, das er auf der Wiese, wo sich alle Kinder zum Spielen trafen, mühelos gelernt und abgepaust hatte. Auch den Dialekt hatte er übernommen, all seine flachen, gedehnten, in die Länge gezogenen Vokale, sich auf Sommerwiese und Bolzplatz in allen sprachlichen Nuancen vollkommen angepasst. Meine Großmutter hatte sich geschämt, besonders für die vielen Schimpfwörter, mit denen ihr Enkel aus Deutschland sein Ungarisch nun auffüllen konnte, für die Flüche und Verfluchungen, die ihn der Dorfsommer gelehrt hatte, die ihm jetzt geläufig waren und mit denen er seine Sätze ausschmückte, für das Geh-zur-Hölle!, das Du-Esel!, das Deine-Mutter! Zurück in Frankfurt, kamen die Budapester Freunde Abend für Abend, setzten sich ins Wohnzimmer, öffneten ein Bier und bewunderten die Wortkaskaden meines Bruders, sein üppiges neues Vokabular im Vasmegye-Dialekt, mit dem er jetzt die Welt beschimpfte.

Ich sitze an Zsolts Tisch in Taunusstein, trinke seinen Wein aus seinem Weinkeller, höre sein Ungarisch, sein feines, sonores Budapester Ungarisch, mit den weichen Bögen und Schleifen, diesem kaum wahrnehmbaren Summen zwischen den Wörtern, das sie zusammenbindet und zu dieser Melodie verknüpft, aber ich muss nicht denken, warum ist Zsolt da, warum nicht mein Vater. Nein, muss ich nicht. Wir reden über Budapest, seine Musik, seine Lichter und

Brücken, über das Hinterland des Balaton, seine unaufdringliche, bezwingende Schönheit, über die Gegend um Pécs, um Tokaj, ich sammle Empfehlungen für den Sommer, ich höre, wo ist es am schönsten, wo ist es scheußlich, welche sind die besten Restaurants der Hauptstadt – Dunacorso zum Sitzen und Schauen, Café Kör zum Essen, Auguszt Cukrászda für Kaffee und Kuchen – und welche muss man meiden: eigentlich alle rund um die Burg. Er entkorkt viele Flaschen Rotwein, holt Nachschub aus seinem Keller, es gibt Pörkölt mit Nokedli, Wildragout mit Nockerln, und zum Nachtisch Rétes, Strudel mit Kirschen und Mohn. Wir vergessen die Zeit, ich verdränge den Wecker, der am Morgen wieder klingeln und meine kurze Nacht beenden wird, ich schiebe ihn weg von mir, ich will hier sein, in Budapest, in Taunusstein.

• • •

Meine Freundin, mit der ich im Oktober das Totenmahl für unsere Väter ausgerichtet hatte, sagt, seit dem Tod ihres Vaters habe sich ihre Orientierung verändert. Sie sei besser, ihr Kopf sei zuverlässiger geworden, früher habe sie nie Karten lesen können, aber jetzt gelinge es ihr, sich zwischen Richtungen, Straßen und Kreuzungen zurechtzufinden. Vielleicht habe sich eine Blockade gelöst, so etwas soll es geben. Ich hingegen bin orientierungslos geworden. Früher konnte ich mich ungefähr zurechtfinden, konnte austüfteln, in welche Richtung ich gehen oder fahren musste, aber jetzt laufe ich oft hilflos durch fremde Städte, selbst an kleinen, übersichtlichen Orten finde ich meinen Weg nicht.

Es ist April, der Winter hat sich endgültig zurückgezogen, er hat aufgegeben. Der Himmel ist freundlich zugewandt, malt Schäfchenwolken. Ich fahre vom Bodensee nach Ravensburg, hinter mir der blaue See, vor mir Oberschwaben. Mit einem Mal ist die Landstraße gesperrt, ich sehe keine Hinweisschilder auf eine Umleitung, ich bin ortsunkundig und weiß nicht weiter. Ein kleiner Fiat hält, ein grauhaariger Mann um die achtzig, dem mein fremdes Kennzeichen aufgefallen ist, fragt mit schwäbischem Singsang, wohin ich will. Ravensburg, erwidere ich, und er ruft mir zu, fahren Sie hinter mir her! Ich wende und lasse mich über schmale Straßen zwischen Obstwiesen und Hopfengärten lotsen, die sich ungeduldig aufs Blühen vorbereiten. Während dieses Auto vor mir fährt, übergeht etwas in mir meine eigenen Widerstände, stößt sie um, reißt sie ein, und ich muss plötzlich weinen, unter diesem milden Himmel, in einer der großartigsten Landschaften, an diesem sonnigen Frühlingstag, an dem nichts falsch ist, in dem nichts querliegt und stört, der die Welt von ihrer harmlosen, aufgeräumten Seite zeigt, muss ich unter ausschlagenden Apfelbäumen mit einem Mal weinen, das Lenkrad loslassen und die Tränen wegwischen, weil ein grauhaariger alter Mann den Weg für mich findet.

An der Kreuzung nach Tettnang hält er an, unsere Wege trennen sich. Wir lassen die Fenster herunter, er sieht mich an und fragt, ist alles in Ordnung? Ja, klar, alles ist in Ordnung, danke. Ich denke, scheiße, aber ja, alles in Ordnung. Scheiße, aber okay – so ist das jetzt wohl. Er fährt los und winkt noch lange, mit übertriebener Geste aus dem Fenster, ich stelle zum Abschied den Warnblinker an, meine Art, mich zu bedanken. Ich weiß, dass es jetzt so ist, scheiße – aber okay, scheiße – aber ja, in Ordnung, ich habe mich nur noch nicht daran gewöhnt. Auch nicht daran, dass es mich ohne Voranmeldung und wie vom Himmel gefallen jederzeit, überall erwischen kann, mich anfasst, sobald das Leben einen winzigen Hinweis, ein Sprengsel Erinnerung abwirft.

• • •

Karfreitag, Ostersamstag mit großem Stadtgeläut, fünfzig Glocken in zehn Kirchen, Osternacht mit Osterfeuer, Funken tanzen im Kirchhof vor einem schwarzen Himmel mit wachsendem Mond. Vor einem Jahr waren wir alle noch zusammen, der Tod lief zwar schon mit, wir wussten von ihm, er hatte sich gezeigt, angemeldet und vorgestellt, aber noch waren wir alle zusammen, noch hatte er uns nicht getrennt. Zu zehnt hatten wir am Ostermorgen bunte Eier gesucht, für zehn den Tisch gedeckt, zu zehnt am Mittag das Osterlamm verspeist. Jetzt, in dieser Osternacht singe ich nicht mit, zum ersten Mal will es nicht über meine Lippen, nicht einmal das Deo gratias zum Lumen Christi. Ich kann die Lieder nicht, ich kann kaum die Heiligenlitanei mitsingen, die mich sonst wie auf einer Welle in ein besseres Denken getragen hat. Immer war es mühelos, geschah fast von selbst, hatte das Singen zu Feuer und Licht mich durch diese Nacht geführt und durch die nächsten Tage und Monate. Aber jetzt will ich kein Zeichen des Friedens geben. Ich spüre keinen Frieden in mir, also kann ich ihn auch nicht weitergeben.

Dennoch bin ich am Ostermorgen unverzagt, fast leicht, der Schlaf hat etwas gelöst, der Traum etwas mitgenommen. Die Luft verspricht schon den nächsten Sommer, ich will sehen, wie Büsche und Bäume auf dem Friedhof ausschlagen, jetzt, da der Frühling unaufhaltsam, alles an ihm hell und frisch und neu ist. Ich fahre Richtung Westen, stelle das Auto vor dem Friedhofstor ab, die Trauerhalle versteckt sich noch unter ihrem Baugerüst. Still ist es, es gibt wenige Besucher, mit Blumen in den Fahrradkörben, Gießkannen in den Händen, wir nicken einander zu, stumme Friedhofsgrüße, Friedhofsrituale. Der Rasen zwischen den Grabplatten leuchtet grün, ich ziehe meine Sandalen aus, setze meine nackten Füße ins weiche Gras – und wundere mich, dass ich das kann. Aber ja, ich kann es: Ostersonntag gehe ich mit nackten Füßen zwischen Gräbern und spüre das Gras, es gehört mir, ich streife von Platte zu Platte, lese die Namen, die neu dazugekommen sind und die Reihen verlängern. Vor der Gräberwiese, mit Blick auf die Grabplatte meines Vaters bleibe ich stehen. Nichts drängt mich aufzubrechen. Ich bin ohne Eile, ich habe Zeit. Es ist Ostern.

• • •

Im Juni bringen sie meine Tante aus dem ungarischen Paradiesgarten ins Krankenhaus. Meine Cousine schreibt mir, sie durchlaufen die gleichen Ängste wie wir im Jahr zuvor. Die Weigerung, es hinzunehmen, und die Einsicht, die sich zögernd durchsetzt, es wird geschehen, es ist nicht abwendbar, es wird nicht mehr besser, es wird nie mehr gut. Sie schickt ein Foto aufs Handy, meine Tante schmal, mit kleinen, kantigen Schultern, wie zusammengeschoben, zusammengesurrt, kleingedrückt, in einem eleganten Morgenmantel, helle Tupfen auf türkisblau schimmerndem Grund, mit diesem Schwung im weißen Haar, auf das schon lange ihre Tochter achtet, das längst schon ihre Tochter für sie wäscht und kämmt und einlegt. Meine Tante schaut grimmig in die Welt, der liebevollste, fröhlichste Mensch, den meine Familie je hervorgebracht hat, schaut grimmig in diese Welt. Sie, deren unablässig arbeitende Nähmaschine die Sommer meiner Kindheit zusammengenäht, mit ihrem Garn verbunden hat, die Hintergrundmusik weit zurückliegender Ungarntage vorgegeben und gespielt hat, sieht mich zornig an. Ja, wie auch sonst?

Meine Cousine sagt, sie besuche einen Geist, der sie nicht hört, nichts sagen, kein Zeichen geben kann, keine Regung mehr kennt. Ich hatte gehofft, meine Tante im Sommer noch einmal zu sehen. Nach Budapest zu fahren, sie einmal noch anzufassen, meinen Kopf an ihre Schulter zu legen, ihr Haar zu berühren, ihre Wangen, noch einmal zu beobachten, wie sie unsichtbares Garn in eine unsichtbare Nadel fädelt. Einmal noch ihre Stimme zu hören, ihre Singstimme, ihre Sprechstimme, ihr verschwenderisches, großzügiges Lachen, auch wenn wir in den letzten Jahren nicht mehr wussten, wodurch es ausgelöst wurde, worauf es sich richtete, wem es gelten sollte und mit wem sie es teilte. Aber es wird nicht geschehen, ich werde sie nicht mehr treffen, die große Schwester meiner Mutter, die schon Kleider für sie nähte, als meine Mutter noch winzig war, die Einzige, die während des Aufstands 1956 wusste, dass meine Mutter gehen würde. Den Eltern hatte meine Mutter nichts gesagt, den Brüdern nichts. Nur der Schwester. Ilona zu Jolán, deren Namen fast ein Anagramm bilden. In ihrer Küche im Paradiesgartenhaus, zwischen Akazie und grünem Tor, an einem trüben, nebligen Novemberabend, der das Dorf auf den Winter vorbereitete. Ob sie diesen Augenblick irgendwo gespeichert hat? Ob ihr Gehirn mit seinem Rest an Möglichkeiten diese Szene noch kennt? Ihr Entsetzen, ihre Verzweiflung, die Angst, die in ihr hochgeschossen war? Die jüngere Schwester hergeben, sie gehen lassen zu müssen? Schlummert dieser Moment in einer abseits liegenden Ecke? Oder ist er vergessen und zermalmt, wie tausend andere Partikel der Vergangenheit?

• • •

Erwähne ich, wir verbringen die Ferien in Ungarn, ernte ich meist einen mitleidigen Gesichtsausdruck. Kein Geld, kein besseres Ziel? Niemand weiß von den Vulkanhügeln nördlich von Zánka, im Hinterland des Balaton, keiner ahnt, welche Sehnsüchte allein dieses Licht schon bei meinen Kindern weckt. Als ich neulich zu ihnen gesagt habe, nach dreimal Sommer am Balaton suchen wir uns nächstes Jahr ein neues Reiseziel, unabhängig und frei, haben sie mich groß angeschaut und gefragt, warum? Aber diesen Sommer fahren wir noch einmal, obwohl es sicher überflüssig und verrückt ist, wegen zwei Tischdecken zweimal tausend Kilometer in Kauf zu nehmen. Auch dieses eine Foto und dieses eine bestickte Taschentuch müssen gerettet werden, ich will das Kleine aus dem Großen fischen, das pars pro toto finden, es später zu Hause auspacken und auseinanderfalten, das Sommerhaus und alle Menschen, alle Stimmen, mit denen es je verbunden war, aufrichten und aufleben lassen. Die Möbel übergeben wir ihrem Schicksal, hundert Jahre Familienleben haben sie begleitet, geschmückt und gespeichert, jetzt braucht sie niemand mehr, keiner von uns hat Platz für sie. Vielleicht finde ich einen Händler in Eisenstadt, der das Haus auflöst und sich der Möbel mit ihrem hundertjährigen Gesicht erbarmt.

An einem heißen Julitag fahren wir über die Grenze ohne Grenzposten, vorbei an verwaisten Zollhäuschen. Es gibt niemanden, der unsere Pässe sehen will, und ich staune jedes Mal neu darüber, dass es so ist. Dass die Zeit der Schikanen, die wir früher bei jeder Einreise durchlebten, die Zeit des endlosen Wartens unter grellen Flutern, das gedehnte, übertrieben langsame Durchblättern, Drehen und Wenden unserer Pässe, als sei etwas falsch mit ihnen, als seien sie hier, in diesem Winkel der Welt plötzlich wertlos, dass der rücksichtslose, dreiste Blick in alle Nischen und Ecken des Autos heute Vergangenheit sind und wir ohne Aufsehen, ganz ohne Widerstände einfach von Land zu Land fahren. Dass uns nicht einmal jemand zuschaut.

Wenig später auf der Landstraße entdecken wir den Abzweig nach Fertőszentmiklós, dort war meine Mutter im November 1956 aus dem Zug gestiegen und mit zwei Freundinnen achtzehn Kilometer über die Felder bis zur Grenze gelaufen. Sobald ein Lichtstrahl über den Streifen Erde schnellte, um ihn abzutasten, abzusuchen, hatten sie sich auf den Boden geworfen und gewartet, kaum geatmet. Achtzehn Kilometer, sie weiß es heute noch, sie hat die Zahl parat, die Distanz kann sie in ihrem Kopf noch immer abmessen. Nach einem Auffanglager in Österreich und zwei weiteren Stationen brachte man sie nach Ried im Innkreis zum Busbahnhof, damit sie über Deutschland verteilt wurden. Im Bus war eine Karte angebracht, Deutschland, Österreich und dann ein schmaler Streifen Ungarn, ein schmaler Streifen westliches Ungarn, der weiter östlich ausfranste. Ihr Heimatort war noch verzeichnet, und als meine Mutter ihn entdeckte, brach sie in Tränen aus. Sie erzählt davon, während wir uns allmählich dem Dorf nähern, der Tag sich verabschiedet und sein Licht entzieht. Mein Vater hatte sie damals beruhigen wollen, nicht weinen, bitte, hatte er gesagt, nicht weinen, die Russen werden abziehen, bestimmt, gewiss, in zwei Monaten können wir zurück nach Hause, sicher, ja, in zwei, höchstens drei Monaten ist es so weit.

Wir fahren über einsame Landstraßen, hin und wieder rauscht jemand an uns vorbei, niemand außer uns hält sich an Geschwindigkeitsvorgaben, ja, hier ist er wieder, der irre Fahrstil der Ungarn, der mich jeden Sommer Nerven gekostet hat. Riesige Akazien wachsen über uns zu einem Dach zusammen, ein halber Mond setzt sich in den Himmel, Frösche springen über die Straße, die Kinder entdecken die ersten Störche, ich halte sofort an, wir steigen aus dem Auto, zücken die Handys und fotografieren, schicken Fotos nach Hause und schreiben: Störche! Drei Störche im Nest! Wir sind in Ungarn! Wir sind da!

Die Verwandten haben Bier kalt gestellt, Weißbrot auf die Anrichte gelegt, auf das sich die Kinder stürzen, ich schaue ins Zimmer und kann nicht glauben, dass wir das hier wirklich aufgeben, uns selbst den Weg abschneiden und niemals mehr in dieses Haus zurückkehren. Das Haus atmet, es hat in sich den Atem meiner Großeltern, den Hauch ihrer Gedankenwelt, ihr Glück und ihre Ängste, ihr Flüstern, ihre Gebete. Sein Dach, seine Wände sind voll davon, die Wände sind Speicher, Wortspeicher, Satzspeicher, Klangspeicher. In der Nacht sprechen sie zu mir. Von meiner Großmutter, einer Frau wie aus einem Märchen. Sie sah aus wie aus einem Märchen, sie redete wie Menschen im Märchen, sie war eine Märchenfrau für mich, still und fromm, mit weißem, in einem Knoten festgesteckten Haar, immer hatten ihre Hände etwas zu tun, niemand kochte besser als sie. Für fünf Kinder hat sie gesorgt, gebacken, gewaschen, ohne Kühlschrank, ohne Waschmaschine, ohne Spülmaschine, die war noch lange nicht erfunden. Um fünf stand sie auf, um Mais für die Hühner vom Dachspeicher zu holen, einmal war sie von der Leiter gestürzt, weil sie den gefüllten Korb nicht loslassen wollte, und hatte sich den Knöchel verdreht. Zu ihrer Tochter sagte sie, lass alle weiterschlafen, sag niemandem etwas, bring mir nur ein nasses Tuch für meinen Knöchel.

Am Morgen wecken mich die altvertrauten Geräusche, aufgebrachte Hunde, streitende Tauben, ein krähender Hahn. Ich setze mich in die vollkommene Windstille dieses schwebenden Gartens, über mir die Blätter des Walnussbaums. Alles ist ohne uns, ohne unser Zutun weitergewachsen, hat ohne uns weitergelebt. Ein Jahr ist vergangen, Sommer, Herbst, Winter, Frühling, ein Jahr, in dem ich viel an den Tod gedacht, mit ihm gelebt habe. Davor war es anders gewesen, der Tod war entfernt, kaum vorhanden, meine Gänge zum Friedhof, zu einer Trauerfeier waren rar, bei den Freunden, die jung starben, waren es unbegreifliche Ausflüge, von denen ich bald zurückkehrte und die mich nie hinderten, mein Leben wieder aufzunehmen. Aber dieses letzte Jahr hat es verändert, der Tod ist an mich herangerückt. Ich habe viel an meinen eigenen Tod denken müssen, er ist zu einer Möglichkeit geworden, zu einer Tatsache. Mein Tod ist vorstellbar, ich muss mit ihm rechnen, also rechne ich mit ihm. Ich habe angefangen, darüber nachzudenken, wie ich meinen Nachlass regle, was ich in meine Ordner hefte, damit meine Familie nicht lange wird suchen müssen. Wie meine Kinder danach weiterleben werden. Auch jetzt denke ich daran, während sie die Tür aufstoßen, den Tisch im Garten decken und beim Frühstück munter über den $CO_2$-Fußabdruck sprechen, den die Familie hier einst hinterlassen hat. Praktisch keinen, sage ich, zu siebt in diesem winzigen Haus, in dem meine Mutter aufwuchs, zu siebt auf kleinstem Raum, Selbstversorger waren sie, vollkommen bio, ohne

Gift im Garten, ohne Gift für die Tiere, ohne Strom im Haus, ohne Auto, ohne Flugreisen, ohne Handy, ohne Konsum, Dinge wurden fürs Leben gekauft, man achtete auf sie, man ersetzte sie nicht. Zu siebt lebten sie in diesem Zimmer, teilten die Betten, die Schränke und den Tisch, aber meine Mutter sagt heute noch: Niemand war reicher als wir.

• • •

Das Paradiesgartenhaus, das meine Cousine verkauft hat, ist schon im Umbau. Handwerker stehen auf dem Dach, in den Fensteröffnungen und werfen sich Kommandos zu, im Hof liegen rund um einen Betonmischer Bretter und Werkzeuge. Wo wir in den Sommern zuvor unter der Akazie gesessen hatten, ragt ein Anbau in den Garten. Sie haben das Haus vergrößert, es ohne Rücksicht über unseren Sommerplatz gebaut, unsere Sommerveranda, unseren Aussichtspunkt zu den Obstbäumen, zum Weinberg. Als ich mit meiner Mutter vorbeifahre, winkt sie den Handwerkern zu und beginnt zu weinen. Wir streifen den Friedhof, auf dem mein Vater hätte begraben sein wollen. Ich denke nicht mehr darüber nach. Ich muss es nicht mehr für mich selbst wiederholen: Die Hinterbliebenen entscheiden. Wer bleibt, entscheidet. Es wird das erste Mal sein, dass ich die Gräber meiner Großeltern nicht besuche. Ein anderes Grab hat sich vor sie geschoben. Ein anderes Grab hat sie abgelöst.

Als wir Tage später nach Budapest aufbrechen und meine Tochter die Tür zum Sommerhaus schließt, schaut sie mich an und sagt, ich vermisse Opa, in einem Ton, den ich schwer aushalten kann. Es klingt wie ein Vorwurf, als gebe es etwas, das ich für sie hätte richten können, aber nicht getan, einfach versäumt habe. So ist es, so wird es bleiben. Wir vermissen ihn, wir alle vermissen ihn, jeder vermisst ihn. Und doch wird es besser, ist es schon besser geworden. Das Unfassliche wird wahr, mit jedem Tag, jedem Monat ist es zur Wahrheit gewachsen. Als wir abfahren, beginnen hinter uns Hunde zu bellen, Nachbarn heben an den Gartenzäunen ihre Hände zum Gruß, wenig später ziehen Storchenfelder vorbei, Felder voller staksender Störche. Ein Wolkenbruch hat einen Regenbogen in den aufreißenden Himmel gezeichnet, wettstreitende Farben zwischen Schwarz und gleißend Gelb, ich schaue hoch und sage, schaut mal, Grüße von Opa. Wir brauchen keine Erinnerungsbrücken, nicht in Form von Häusern oder Möbeln, wir können den Weg ins Gestern ohne Hilfe finden, ich muss die Kinder nicht erinnern. Es wird nun kein Tag vergehen, an dem sie nicht an ihren Großvater denken, nicht von ihm sprechen, etwas aus ihrem Gedächtnis holen und in unser Gespräch streuen, unter ihre Wörter mischen, in ihre Sätze weben. Ungarn ist Großvaterland. Viel mehr als Vaterland ist es Großvaterland.

Über die Erzsébetbrücke fahren wir nach Pest und halten den Atem an. Die Stadt legt sich auf unsere Haut, mit ihren Verkehrsadern und gelben, klingelnden Straßenbahnen, ihren Turmspitzen und Brücken, ihrem Wasser, ihren sanft abfallenden Hügeln. Ihr Puls übernimmt. Den ganzen Tag streifen wir durch Vergangenheit, mühelos lässt es sich in Budapest durch Vergangenheit streifen, abends essen wir bei achtundzwanzig Grad Tyúkhúsleves und Pörkölt, Suppe und Fleisch, im Getto Gulyás und reden von meinem Vater, wie sehr ihm das gefallen, wie sehr er sie genossen hätte, diese ausgelassene Stimmung an den Tischen, die mühelose Emsigkeit der Kellner, das Treiben auf der Straße, vor den Fenstern, unter diesem Sommerstadthimmel. Er sitzt mit uns am Tisch, spaziert neben uns durch die Straßen, führt uns über die Plätze, erzählt und grüßt von den Häuserfassaden. Künstler haben sie in der Elisabethstadt, der Erzsébetváros, rund um die Wesselényi utca gestaltet. Mit dem Titelblatt des Time Magazine vom Januar 1957: Man of the Year, Hungarian Freedom Fighter – ein ungarischer Freiheitskämpfer schaut auf uns herab. Ich sage, seht her, euer

Großvater war so einer, euer Großvater war Teil davon. Wenige Ecken weiter an der Hauswand das Titelblatt der Népsport, Ferenc Puskás in Übergröße, Ungarn besiegt England mit 6:3 und sorgt für eine Glückswelle, ich sage, schaut, euer Großvater hat ihn verehrt, das ist der Held seiner Jugend, euer Großvater hat diesen Sieg im November 1953 mitgefeiert, da war er zwanzig. Wir übernachten in einem der typischen alten Mietshäuser mit Innenhof und Galerie, als Kind habe ich in einem solchen Haus hinter der Üllői út die Ferien verbracht, die Tante meines Vaters lebte dort, das Haus, zu dem mein Vater während des Aufstands Essen in einer Blechkanne gebracht hatte. Heute mieten sich Touristen ein, die ans Feiern denken, sie trinken auf der Galerie Bier, rauchen und kommen leicht ins Gespräch. Unter dem Nachthimmel fragt uns eine junge Frau aus London, are you having fun? Yes, sure, we are.

Budapest bedeutet für mich, es ist Sommer, glühend heißer Ungarnsommer. Ich bin zwölf oder dreizehn, ich bin leicht, ich trage Sandalen und ein Kleid, ich esse dreistöckige Kuchenstücke in Rosa und Hellgrün, ich gehe Schwimmen in den schönsten Bädern der Welt, unser Vater schwimmt mit meinem Bruder und mir durchs Palatinus, durchs Széchenyi, durchs Gellért, auf der Margaretheninsel, durch Neobarock, durch Jugendstil, wir ziehen unsere Bahnen unter Wasserspeiern, neben Schachspielern, durch alle Becken mit kaltem Wasser, mit warmem Wasser. Immer liegt nasse Badewäsche über einem Stuhl, hängt sie über einer Leine. Budapest ist die Stadt des Wassers, der Quellen, der Strudel, der Schwimmbäder, der Thermalbecken, bei jedem Wetter kann man baden. Ich bewege mich in einer Sprache, die völlig verrückt ist und mir doch in Teilen gehört. Budapest ist heiß, auch wenn bestimmte Straßen immer klamm bleiben, trotz der 35 Grad, die über dem Fluss und seinen Brücken schweben. Auch die Straße, in der wir wohnen, bleibt immer einen Rest kalt und klamm. Heute, vierzig Jahre später, hat sich das Gesicht der Erzsébetváros verändert, rund um die Dohányi und Wesselényi utca sind die Preise für Mieten, die Preise in den Restaurants gestiegen, man hört kein Ungarisch mehr, und die Bedienung im Szimpla Kert zuckt zusammen, als ich doch auf Ungarisch bestelle. Aber für mich atmet die Stadt anders, mir tut sie diesen Gefallen, mit mir knüpft sie noch ihr altes Band, mit mir redet, mir erzählt sie mit einer anderen Stimme, in einem echten, glaubhaften Ton. Nur zehn Minuten weiter, hinter dem Erzsébet körút, gibt es das alte Pest, wie ich es kannte und mochte, Grau in Grau, mit abgeschlagenen, bröckelnden Hausfassaden, das düstere, rußige, feuchtklamme, nach Staub riechende Pest von eh und je.

• • •

Auf dem Weg zum Balaton kommen in der Abenddämmerung Rehe an den Straßenrand, den Kopf gebeugt, den Hals zum Gras hin gestreckt, anmutig, geschmeidig. Die Dunkelheit verwandelt die Landstraße zu einem Schicksalspfad für Füchse, Rehe und uns selbst, es wäre kaum weniger gefährlich, mit geschlossenen Augen zu fahren. Wir beziehen unser Ferienhaus, Gänse schnattern auf dem Nachbargrundstück, Hunde bellen Nacht und Tag, wieder schlafen wir in Hundebellnächten, lauter Hundebellnächte liegen vor uns. Ich habe nichts zum Lesen, zum Arbeiten mitgenommen, nur aufs Wasser will ich schauen, Tag für Tag aufs Blau, und warten, bis es abends dunkler wird, ich will nichts als Abschied begehen, nichts weiter, das wäre genug, es wäre ausreichend. Nyaralni ist das ungarische Verb für die Ferien, die freie Zeit im Sommer, das Verb für die heiße, helle Jahreszeit, es gibt kein deutsches Wort dafür, wörtlich übersetzt hieße es: sommern. Wir sommern, du und ich, wir sommern, er, sie, es sommert. Ich sommere also am Balaton, an seinem Strand, unter den gestutzten Trauerweiden von Füred sommere ich, zum dritten Mal in Folge. Vor dem Sterben, mit dem Sterben, nach dem Sterben.

Der Sommer ist groß wie jedes Jahr, der See hat 25 Grad, die Kinder springen ins Wasser und rufen, hier hat Opa gesessen! Hier hat er uns zugeschaut, als wir hinausgepaddelt sind! Sie schnappen die Luftmatratze, ziehen sich hoch, legen sich auf den Bauch, und ich denke, ja, genau hier hat er gesessen, auf dieser Holzterrasse über dem Wasser: Kappe gegen die Sonne, kurze Hosen, Badeschuhe, ein kaltes Soproni in der Hand, sein Blick auf den Kindern, auf den Wellen, auf dem Horizont. Der See liegt da wie immer. Trotz heißer Sommer, die ihm sein Wasser nehmen. Wie wir hat er Herbst, Winter, Frühling hinter sich und liegt doch da wie immer. Weiß nichts von uns. Weiß nicht, dass ich hier schwimmen lernte, Sommer für Sommer, nicht, wie oft ich über diese Treppenstufen ins Wasser geglitten, abgetaucht und hinausgeschwommen bin, und wie dieses Schwimmen mein Leben seit jeher durchzieht. Er kennt uns nicht, hat uns nicht bemerkt, weiß nichts von unserem letzten Jahr, nichts von unserer Rückkehr. Unverändert und ungerührt liegt er da – wie immer.

Tag für Tag verlassen die Kinder als Letzte den See, wenn sich ein Rosa auf die Wellen legt, als sei ein Filter davor. Es fällt ihnen schwer, das Wasser aufzugeben und sich für die Nacht zu verabschieden, ein Jahr lang haben sie auf dieses Gefühl, auf dieses Schwimmen verzichten müssen. Uns allen fällt es schwer in diesem Jahr, an jedem Abend fällt es uns schwer, obwohl wir wissen, am nächsten Morgen wird der See mit seinem großen Blau genau so da sein. Vom Garten schauen wir zum Mondfinsternis-Mond und streifen die Stechmücken von den Armen, Nacht für Nacht liegen wir in der lauwarmen Luft unter dem Sternenhimmel und betrachten seine Bilder. Bärenhüter, Kassiopeia, Leier, Adler, Schwan, Großer Bär. Die ISS fliegt vorbei, immer kurz vor Mitternacht können wir sie für wenige Minuten sehen. Sternschnuppen fallen in Sekundenabständen, wie ausklingende, verhallende Feuerwerke, ich könnte Wünsche an sie heften. Aber ich bin wunschlos diesen Sommer. Vor einem Jahr hätte ich viele Wünsche gehabt. Bitte noch etwas Zeit. Bitte noch eine Woche. Bitte weniger Schmerzen. Bitte nicht diese Nacht. Wenn es doch sein muss, bitte schnell und barmherzig.

An unserem letzten Abend schwimme ich hinaus, durchs glänzende, schimmernd glatte Wasser, als liege ein Spiegel zwischen den Ufern. Mildblaues, lauwarmes Ungarn. Ich tauche ab, ich erinnere mich, ich stelle mir vor, ich sehe sie: Mein Bruder krault neben mir, unser Vater schwimmt wenige Stöße voraus und ruft, wenn ihr müde werdet, legt euch auf den Rücken und schaut zum Himmel! Um uns juliwarmes Wasser und Schilf, weit draußen setzt sich ein Vogel auf die Sandbank, schwirren zwei Libellen, schlägt ein Fisch mit seiner Flosse. Am Ufer beruhige ich mich mit dem Gedanken, du musst es nicht beenden und abschließen, nichts zwingt dich. Du kommst zurück, wann immer dir danach ist, jederzeit kannst du wiederkommen und in dieses Wasser springen. Unweit von mir schwimmt die neunzigjährige Ágnes Heller in Almádi in ihren Tod, ich lese es wenige Tage später in der Zeitung. Wir haben am selben Tag im selben See, im selben Wasser gebadet.

• • •

Im Sommerhaus packen wir unter Gewitter und Wolkenbrüchen Geschirr und Wäsche in Kisten. Verwandte sitzen in der Küche, auf der Bank, immer hat hier schon jemand Essen gekocht und den Tisch für uns gedeckt. Es spielt keine Rolle, ob wir müde oder beschäftigt sind, ob wir andere Dinge zu tun haben könnten. Wir reden über die Toten, sie gehören in unsere Sätze, sie sitzen mit uns im Garten, auf der Terrasse, am Tisch, vor der Suppenschüssel, dem Korb mit dem aufgeschnittenen weißen Brot, sie fordern uns auf, so, nun redet von uns, lasst nicht nach, hört nicht auf. Die Toten sind nie tot. Aber wir weinen nicht mehr um meinen Vater, das Weinen um meinen Vater ist versiegt. Wir weinen über den Tod, ganz allgemein und groß. Darüber, dass die Geliebten gehen. Unsere Zeit mit ihnen begrenzt ist. Dass sie verschwinden. Nicht wieder auffindbar verschwinden.

Auf dem kurzen Weg zum Auto spannen wir die Schirme auf und werden trotzdem nass. Wenige Schritte reichen, um unsere Schuhe zu tränken. Ich trage zwei Kisten aus dem Haus und fühle mich wie eine Diebin. Mein Vater hatte immer gesagt, nichts wird aus diesem Haus geräumt, nichts wird entfernt, alles soll bleiben, wie es ist. Das Bild meiner Großeltern habe ich eingepackt, eine Zeichnung, angefertigt nach der Vorlage eines Schwarz-Weiß-Fotos. Meine Märchen-Großmutter achtzehn Jahre alt, mit weißem Spitzenkragen und streng zurückgekämmtem Haar. Mein Großvater, den meine Tante in Gedanken täglich auf einen Spaziergang zu ihrem Paradiesgartenhaus geschickt hatte. Öffnet das Tor, euer Großvater kommt. Stellt ein Glas auf den Tisch, holt den Wein aus der Speis, gleich wird Großvater hier sein. Zwei ernste Gesichter, die mich anschauen, als wollten sie sagen, ja, hundert Jahre jetzt. Ja, du zählst richtig. Hundert Jahre, da wir dieses Haus zum ersten Mal betraten und du es heute abschließt und verlässt. Ich habe allen gesagt, nehmt ein Erinnerungsstück mit, jeder soll eines aussuchen, meine Mutter hat die Küchengardinen abgehängt, mein Sohn ein Foto seines Großvaters als Kind, meine Tochter nimmt seinen grauen Trainingsanzug mit, der ihr viel zu groß ist, dessen Ärmel und Hosenbeine sie hochkrempeln muss, den mein Vater ihr in den vergangenen Sommern überlassen hatte, sobald es am Abend kühler geworden war und die Moskitos zu ihrem Flug ansetzten. Ich habe die Wanduhr abgenommen, die früher stehengeblieben war, um den Tod von jemandem anzukündigen, ihn zu bezeugen. Die Bahnhofsuhr aus dem Bahnhof von Gyöngyös, aus der Halle, über dem Portal, durch dessen schwingende Türen die Bánk-Söhne ein und aus gegangen waren, mitten im Vámpalotaland, am Schnittpunkt seiner Wege. Ich kann sie nicht hier lassen, ich kann sie nicht in fremde Hände geben.

Am letzten Abend verabschieden wir uns, in der Dunkelheit fahren wir durchs Dorf, meiner Mutter fallen viele Namen und Häuser ein, lass uns noch zwei Straßen weiter fahren, sagt sie, lass uns auch dort anklopfen. Unser Abschied wird zum lauten, lärmenden, lachenden Ritt durch die laue Nacht, wir nehmen Abschied von Hunden, Katzen, von Menschen. An Zäunen, unter Akazien und Linden, in Küchen, an der Straße, vor dem kleinen ABC-Laden, am Abzweig zur Kirche, vor dem Bahnhofsbüfé, unter seinen grellen Leuchtern. Jeder hat etwas zu meinem Vater zu sagen, jeder hat einen Satz für uns, den wir einpacken und mitnehmen, in unsere Taschen stecken und zu Hause herausnehmen und wieder anhören werden, jeder wirft einen Satz für uns über den Küchentisch, über den Zaun, über die frischen Pfützen, über den Straßengraben, jeder ruft uns einen Satz zu, wir lachen und wischen unsere Tränen weg. Ich schaue hoch zum dunkelblauen Himmel, der nach dem wütenden Regen aufatmet und sich über uns ausbreitet, ich schaue hoch zu den Sternen. Jemand sagt mir zum Abschied, deinen Vater kann ich nicht ohne Balaton denken, denke ich an deinen Vater, denke ich sofort den Balaton dazu. Dein Vater war doch der Balaton.

• • •

Heute, jetzt, in diesem Augenblick Anfang September, jährt sich der Todestag zum ersten Mal. Die Messe liegt noch vor uns, die nach diesem ersten Jahr für meinen Vater gelesen wird, die Nennung seines Namens im Hochgebet, was uns alle, seine Kinder und Enkelkinder nebeneinander auf der Kirchenbank, wieder weinen lassen wird, auch nach einem Jahr. Weil die Wucht kaum nachlässt, die Unerbittlichkeit, die es braucht, es uns noch einmal zu sagen, uns wieder zu zeigen: Er ist tot, euer Vater und Großvater ist tot, er gehört zu den Toten.

So wie ich die Kleinigkeiten und Details, die genaue Abfolge aller zurückliegenden, vergangenen Jahre mit der Zeit vergesse, werde ich womöglich auch die vielen Bilder dieses einen Jahres, zwischen Sommer und Sommer, nach und nach vergessen. Meine Bilder dieses Jahres. Und doch waren sie da, sind sie wahr. Es hat sie gegeben. Das abgedunkelte Zimmer, bevor wir nach Eisenstadt aufbrachen. Den Paradiesgarten in seinem blendenden Grün. Die verdorrenden, durstenden, ins Gelb wachsenden Felder auf allen Fahrten rechts und links.

Die Erinnerung ans Sterben wird bleiben, die Erinnerung an die letzten Tage, an das Totenzimmer in der Klinik und meinen Vater darin, für uns drapiert, für unseren Abschied, unser letztes Treffen zurechtgelegt, die Erinnerung an mein Grundgefühl, an das immerzu mitpochende Gefühl, mit dem mein Leben in diesem Jahr ausgestattet, gepolstert, tapeziert und bestückt war, mit dem ich am Morgen aufwachte und am Abend zu Bett ging, das ich in meine Träume mitnahm, in meinen Kaffee rührte, auf mein Brot strich, in meine Handtasche packte, wenn ich das Haus verließ, und wieder ausräumte, sobald ich zurückkehrte und die Tür aufstieß.

Es ist dumm und beleidigend, es ist unverständlich, warum unsere Eltern gehen müssen. Und dass sie es eines Tages wirklich tun, ist unzumutbar. Obwohl wir mit diesem Wissen aufwachsen und leben, sind wir nicht vorbereitet, nicht gewappnet, wenn es geschieht. Viele Trauerkarten habe ich geschrieben in den letzten Jahren, ringsum sind die Mütter und Väter meiner Generation gestorben, und ich habe jedes Mal aufgeatmet, solange ich verschont geblieben war. Mein Vater hat die Familie zusammengehalten, um ihn haben wir uns gerankt, Äste an einem Stamm, Blätter an einem Zweig. Er hat uns geerdet, aber auch davonflattern lassen. Er hat die Länder und Kontinente für uns zusammengehalten, die Brücken für uns gebaut, die Sprachen für uns gesprochen, wenn wir nicht weiterkamen. Das Leben ohne ihn müssen wir noch erfinden. Wir haben soeben erst angefangen einzusehen, dass es ihn nicht mehr gibt. Eine Freundin hat gesagt, ihr wart eurem Vater immer so nah. Ja, das waren wir: unserem Vater immer so nah.

• • •

Ein Bild werde ich sicher immer sehen können, eine Bewegung, die ich mit meinem Vater und nur mit ihm verbinde: seine Art, in den See zu steigen. Wenn das Licht am Nachmittag schon nachlässt, die Badeschuhe abzustreifen, das Handtuch am Ufer bereitzulegen, seinen Blick über den Balaton zu schicken, ihn mit den Augen abzutasten, als suche er nach der besten Bahn für seine Bewegungen. Die ersten Schritte ins Wasser zu gehen, sich mit nassen Händen durch den Bart zu fahren und abzutauchen, einige Stöße unter Wasser zu schwimmen, hochzukommen um Luft zu holen, kurz innezuhalten, noch einmal über den See zu schauen und seine Größe zu fassen. Dann weit hinauszuschwimmen und im Blau zu verschwinden.

DANKSAGUNG

Ich danke allen, die Anteil genommen und mich in dieser Zeit gestützt, aufgefangen, ermutigt und getröstet haben.

Mein besonderer Dank gilt den Onkologen im Klinikum Frankfurt Höchst Prof. Dr. Hans-Günter Derigs und Dr. Wolfgang Schmidt sowie den Hausärzten meines Vaters Dr. Christiane Kunz und Dr. Edmond Schiek-Kunz.

Dem Deutschen Literaturfonds danke ich für die Unterstützung meiner Arbeit an diesem Buch. Der Robert Bosch Stiftung für das Grenzgänger-Förderprogramm im Sommer 2019.